추천글

이렇게 숨 돌리지 않고 단박에 읽어내린 마케팅 서적은 처음이다. 비슷한 이론을 담은 책이겠거니 하고 별 기대를 안했는데, 빨려들 듯 흥미로운 이야기 속에 마케팅의 핵심을 하나도 빠뜨리지 않고 짚어내고 있다. 현장형 마케팅이란 바로 이런 것이라는 생각이 든다.

– 후지필름 일렉트로닉 이미징 코리아 임훈 부사장

후배 직원들에게 선물해 주려다 내가 흠뻑 빠져 읽었다. 마케팅을 시작하려고 하거나 제대로 하고 싶은 사람들에게 반드시 읽어보라고 권하고 싶다. 마케터는 앞으로 두 종류로 나뉠 것 같다. 이 책을 읽은 사람과 읽지 않은 사람.

– 르노삼성자동차 본사관리팀 임동수 과장

십 년이 넘도록 마케팅 부서에서 근무하고 있는데 마케팅 담당자도 놓치기 쉬운 핵심을 재미있고 쉽게 이해하도록 콕콕 집어준다. 백 권의 마케팅 이론서를 능가하는 훌륭한 책을 쓴 저자를 마케팅 계의 후배로서 한번 만나보고 싶다.

– 카타르항공 마케팅부 박은실 차장

요즘 나 같은 마케터들은 속이 타들어간다. 전 세계적인 경기 침체로 시장 반응이 시원찮은데다 막상 현장에서 마케팅 활동을 하려고 하면 온갖 이유로 한계에 부딪힐 때가 한두 번이 아니기 때문이다. 이 책은 그런 사람들에게 시원한 돌파구를 찾아주는, 마케터들에게 구원투수와 같은 책이다. 왜 이제야 이런 책이 나왔는지 의문스러울 정도다.

– LG생활건강 온더바디 마케팅팀 김재욱 ABM

일단 재미있다. 마케팅 관련 서적을 많이 읽는 편이지만 대부분 어려운 이론 위주거나 실무에 적용하기 어려운 기업의 사례 중심이어서 실제와는 동떨어진 느낌을 많이 받았다. 이렇게 현실적이고 재미있는 마케팅 책은 처음이다.

– 나이키골프코리아 비즈니스플래닝팀 김태호 팀장

나는 졸업 후 글로벌기업에서 일하고 싶어 평소에도 자료를 자주 찾아보는 편이다. 천편일률적인 자료만 보다가 이 책을 보고 깜짝 놀랐다. 사무실 한 편에서 실제로 벌어지는 듯한 현장감이 고스란히 느껴질 뿐 아니라 어떤 이론서에서도 배우지 못한 실질적인 도움을 얻었다.

– 연세대학교 경영학과 4학년 김인교

어쩌면 이렇게 똑같을 수가. 매월 우리 회사에서 벌어지는 상황과 인물의 캐릭터가 완벽하게 일치한다. 전지적 작가 시점으로 현장과 회사전반의 상황뿐 아니라 상사와 관련부서 직원들의 입장까지 이해하게 되었다.

– S전자 마케팅부서 익명의 모과장

'국민 내비 어플리케이션'인 '김기사'가 도약할 수 있게 된 데는 탄탄한 마케팅 전략으로 무장한 저자의 직접적인 도움이 있었다. 다양한 경험과 창의적인 발상으로 현실을 직시하는 현장 마케터가 쓴 이 책은 '국민 마케팅 서적'이 될 거라고 확신한다.

– 국민 내비 '김기사' 록앤올(주) 대표 김원태, 박종환

마케팅 천재가 된 홍대리

본 이야기는 특정 기업이나 특정 브랜드와 관련 없는
허구의 소설로 만들어진 이야기임을 밝힙니다.

영업부 말단 사원 홍 대리의
마케팅 도전기

· 권경민 지음 ·

다산북스

등장 인물 소개

"나도 마케팅을 해볼 수 있을까? 비록 경영학을
전공한 것도 아니고 영어를 잘하는 것도 아니지만
열심히만 한다면야 못할 것도 없지!"

외로움을 마케팅에 대한 열정으로 불사르려는 딱한 솔로

필살기 여자 친구에 관한 질문은 들리지 않는 필터 정화 능력.

천적 필살기도 통하지 않는 엄마. 용돈으로도 잠재울 수 없는 엄마의 잔소리에 늘 피곤하다.

홍진수(홍 대리)

"하나뿐인 아들 녀석은 회사 가기 싫어서
비실거리기나 하고……. 어휴, 속 터져서 안 되겠어.
내가 직접 영업에 발 벗고 나서야지!"

동네를 주름잡고 있는 입소문 마케팅계의 숨은 고수

필살기 에미넴 뺨치는 잔소리 랩 스킬. 동네 아줌마들이 홍 대리네 회사 제품을 사도록 설득하는 데도 요긴하게 쓰인다.

인생목표 아들 장가 보내기.

엄마

"난 마케팅이 하고 싶어서 정말 열심히 준비했는데,
정작 중요한 업무는 나한테 맡겨주지도 않고……
억울해 죽겠어!"

마케팅팀의 까칠한 마녀 혹은 도도한 여신

필살기 철저한 준비성.

술버릇 다른 사람 집에 못 가게 붙잡기. 술에 취하면 평소의 도도함은 사라지고 만만한 사람을 붙잡고 하소연하느라 여념이 없다.

마신애 사원

"이론만으로 하는 마케팅은 오히려 독이 될 수 있어. 중요한 건 어떻게 고객에게 가치를 전달하느냐의 문제지."

거침없이 촌철살인을 날리는 해외파 마케팅 전문가

필살기 완벽한 스펙.

취약점 변덕스러운 성격, 날씨가 좋을수록 서류 결재 확률이 높아진다는 소문이 있다.

나잘난 이사(마케팅 본부장)

"마케팅 전략도 세울 줄 모르는 영업사원은 필요 없으니까 회사 월급 축내지 말고 당장 나가!"

김독불 본부장
(영업 본부장)

독설을 입에 달고 사는 영업본부의 독불장군

필살기 공포의 수첩. 매출회의에서 제대로 대답하지 못하는 직원에게는 분노를 탑재한 수첩을 투척한다.

라이벌 고장수 부장. 툭하면 영업팀이 못해서 매출이 안 나온다는 고 부장 때문에 스트레스가 심하다.

"이사님이 저렇게 '고객의 가치' 운운하셔도 막상 이익률이 좋지 않으면 아랫사람들은 깨지기 십상이라고!"

강자에게 약하고 약자에게 강한 사내정치의 대가

필살기 빠른 눈치와 아첨. 출세를 위해서라면 못 할 게 없다고 생각한다.

별명 '개장수'

고장수 부장(마케팅 팀장)

"예산이 부족한데 어쩌라고요? 관리팀이 마케팅팀 뒤치다꺼리나 해 주는 부서인 줄 아세요?"

노희숙 대리

단 1원의 오차도 허용하지 않는 관리팀의 '사감 선생'

필살기 깐깐한 예산 관리. 관리 부장보다 노 대리 결재받기가 더 어렵다는 소문이 있을 정도다.

별명 희숙대리(히스테리).

기업의 성패는 마케터의 역할에 달려 있다

제이디 마케팅 대표, 『이기는 습관 2』 저자 – 김진동

나는 삼성전자에 약 20년간 근무하면서 현장 마케터로서 잔뼈가 굵은 사람이다. 이후 소니코리아 영업 본부장을 맡으면서 매출을 1.5배 확장시켰고, 위니아만도에서 마케팅·영업·서비스 총괄 본부장을 역임하면서 이익률을 3.5배 성장시키는 등의 성과를 이뤄냈다.

새삼스레 이렇게 지난 얘기를 꺼내는 건 낯 뜨거운 자기 자랑을 하기 위해서가 아니다. 동종업계에서 꾸준히 좋은 결과를 창출할 수 있었던 가장 큰 이유가 삼성에서의 신입사원시절부터 하나하나 단계를 밟아가며 다진 마케팅의 기본기 덕분이라는 점을 말하고 싶은 것이다.

마케팅 관련 업무라면 나는 거의 전 부문을 경험했다. 영업 현장에서부터 마케팅 총괄, 판촉, 제품판매기획, 유통, 상품기획센터의 비즈니스 크리에이션, 해외법인 정상화 TFT 등 기업이 성과를 내는 데 필요한 분야는 다 겪어본 셈이다.

이처럼 다양한 업무를 경험하면서 터득한 마케팅의 성공 비결은 사실 간단하다. 마케팅의 여러 분야를 종합하여 합리적 기준에 따른 의사결정만 제대로 해도 '매출액 증가'와 '이익의 배가'라는 결실을 모두 거둘 수 있다. 그러나 많은 기업들이 현재 잘하고 있는 부분만 보고 최대의 성과를 내고 있다고 착각하여, 마케팅의 기본을 무시하는 실수를 저지르곤 한다.

그렇다면 이런 착오와 오류를 줄이려면 어떻게 해야 할까? 무엇보다도 '시장에 민감한 기업'으로 거듭나려는 노력이 필요하다. '시장에 민감한 기업'이란 모든 부서의 최종 목적이 '매출을 통한 이익 확보'임을 인식하고, 조직의 의사결정 기준을 시장을 향해 설정하는 것을 뜻한다.

모든 조직의 혁신이 그렇지만, '시장을 향하는 기업'이 되기 위해서도 우선 사람부터 변해야 한다. 우선 기업에 종사하는 사람 각자가 마케터가 되어야 한다. 마케팅은 비즈니스 업무의 거의 전역에서 반드시 알고 있어야 할 기본기 중의 기본기이다. '마케팅 논리'를 제대로 알면 재무나 인사 심지어 생산, 물류,

서비스도 결국은 마케팅이라는 것을 깨닫게 될 것이다. 재무 부서 담당자라도 재무 마케터가 될 때야 비로소 제대로 된 자금 관리를 할 수 있다는 뜻이다. 마찬가지로 물류 부서 담당자는 물류 마케터가 되어야 제품의 원활한 관리를 할 수 있다.

경영자도 마찬가지다. 마케팅의 중요성을 아는 경영자라면 하루빨리 경영 마케터로 거듭나야 한다. 마케팅을 모르는 경영자는 절대 기업을 성공시킬 수 없기 때문이다.

이런 흐름을 반영하듯 최근 회사 구성원들에게 마케팅의 기본을 가르치고 1년에 몇 권씩의 마케팅 관련 서적을 읽게 하는 경영자가 점점 많아지고 있다. 이는 '전 조직원의 마케터화'에 대한 관심이 높아졌다는 반증이다. 이제 마케팅은 현장 마케터뿐만 아니라 모든 사람들이 알아야 할 '필수과목'으로 자리 잡고 있다.

한 가지, 마케팅에서 절대로 잊지 말아야 할 것이 있다. 바로 '마케팅은 이론만으로는 결코 이루어질 수 없다'는 점이다. 직접 현장에서 일하면서 몸소 부딪쳐야만, 실제 시장의 변화를 누구보다 빨리 알아채고 대응할 수 있는 능력을 갖추게 되기 때문이다.

수년간 마케팅 업계에 몸담고 있으면서 많은 후배 마케터들을 만나왔지만, 이 책의 저자처럼 자기주도하에 전략적인 마케팅을 펼치는 인재를 만나기란 쉽지 않았다. 나는 특히 그가 삼성을 시작으로 소니 등 글로벌 외국계 기업에서 마케팅이사까지 지내면서 다양한 마케팅 관련 업무를 경험한 현장 중심의 마케터라는 점을 높이 평가하고 있다.

이 책의 가장 큰 장점은 바로 이런 저자의 다양한 마케팅 경험이 고스란히 녹아 있다는 점이다. 어떤 책에서도 볼 수 없는 생생한 현장의 목소리와 마치 지금 치열한 마케팅 현장에 서 있는 듯한 착각을 일으킬 정도의 탄탄한 구성 또한 매우 인상적이다. 나는 이 책을 읽는 독자라면 누구나 마케팅 기본기를 다지고 현장에 당장 적용할 수 있는 다양한 노하우를 배울 수 있을 것이라고 확신한다.

지금 이 시간에도 급격한 환경 변화에 적극적으로 대처하며 전쟁 같은 시장에서 고군분투하고 있을 마케터들에게 이 책을 추천한다. 더불어 이 책을 통해 더 많은 독자들이 마케팅의 매력과 중요성에 대해 깨닫게 되기를 진심으로 바란다.

Contents

CHAPTER 3
마케팅은 함께 가는 길

CHAPTER 4
마케팅의 정답

CHAPTER 5
마케팅 전문가가 되는 길

CHAPTER 6

마케팅 천재가 된 홍 대리

영업부 홍 대리의 하루가 시작되다

"아들~ 우리 아들! 어서 일어나서 회사 갈 준비해야지~"

월급날인 어제, 팀 동료들과 한잔하고 들어와 생활비와 용돈을 두둑이 드린 효과인지 아침부터 엄마의 목소리가 하늘을 날아다닌다. 간간이 콧노래까지 섞여 들려오는 경쾌한 목소리가 홍 대리의 이불 속까지 파고 들어왔다.

홍 대리는 이불 속에서 오른손만 살짝 꺼내 실눈을 뜨고 휴대폰으로 시간을 확인했다. 7시.

'아, 진짜 회사 가기 싫다…….'

다시 이불을 뒤집어썼다.

'정말 죽었다 깨어나도 회사 가기 싫은 날이다. 오늘 혹시 천

재지변이라도 일어나지 않을까? 그냥 아파서 병원에 입원하면 좋겠다. 미끄러져서 살짝 다리라도 부러뜨릴까?'

별 쓸데없는 생각을 하고 있는 자신이 한심했지만, 오늘 회사에서 벌어질 끔찍한 상황을 상상하면 솔직히 병원 응급실이라도 가고 싶은 심정이었다.

쿵, 쿵, 쿵, 쿵.

"야, 이놈아! 환갑이 다 된 엄마가 깨워주고 밥 차려주면 빨리 일어나서 밥 먹고 돈 벌러 가야지, 뭐하고 자빠져 있는 거야?"

엄마가 주걱을 든 채 달려오며 소리쳤다.

'그러면 그렇지. 어젯밤에 드린 용돈 정도로는 우리 엄마의 인내심을 십 분쯤 연장하는 것까지가 한계야…….'

홍 대리가 억지로 몸을 일으키려는 순간 이불이 확 젖혀졌다.

"너는 서른도 넘은 놈이, 가라는 장가도 안 가고 남들 다 있는 애인도 하나 못 만들고! 아니 어떻게 된 애가 허구한 날 술을 마시는지 원……."

늘 똑같은 엄마표 잔소리가 아침부터 또 시작이다.

'그래, 회사나 집이나 내가 편히 쉴 곳은 없구나. 차라리 회사 가서 깨지면 월급이라도 받지.'

홍 대리가 부스스 몸을 일으켰다.

"어머, 너!"

엄마가 홍 대리의 얼굴을 보고 놀란 목소리로 외쳤다.

"어제 술 많이 마셨니? 다크서클이 턱밑까지 내려왔어. 이게 무슨 일이야? 너 회사에서 무슨 일 있니? 아니면 여자 친구하고 헤어졌어?"

"아니에요, 그냥 잠을 좀 못 자서 그래요. 그리고 있지도 않은 여자 친구하고 어떻게 헤어져요?"

홍 대리는 엄마에게 살짝 눈을 흘기며 일어나 욕실로 향했다.

"엄마, 오늘은 중요한 회의가 있어서 일찍 가서 회의 준비 해야 해요. 아침 못 먹고 가요, 죄송해요."

"야, 이놈의 자식아, 그럼 국이라도 훌훌 마시고 가! 늙은 엄마 밥을 해 주지는 못할망정 차려준 밥도 못 먹고 가냐?"

원래도 씩씩하고 활동적이어서 동네에서 아줌마부대를 몰고 다니는 엄마였지만, 시간이 가면 갈수록 더 씩씩하고 감정기복도 심해지는 것 같다. 몇 년 전, 평생 회사일밖에 모르시던 아버지가 과로로 갑작스레 돌아가신 후, 홍 대리는 사실 엄마가 제일 걱정이었다. 아직은 젊으신 나이에 아버지의 빈자리가 크지 않을까 마음이 쓰였는데 엄마는 생각보다 빨리 아픔을 이겨냈다.

요즘 엄마는 문화센터에 노래교실, 수영장까지 여가활동에 열을 올리고 있다. 어디 그뿐인가. 각종 모임의 회장님으로 추대되어 아줌마들을 휘어잡고 다니시느라 아들인 홍 대리조차 얼굴보기가 힘들 정도다. 엄마의 저런 카리스마와 에너지가 어디서 나오는지 홍 대리도 가끔 신기했다.

신발을 신고 있는 아들의 옆에서 다소곳이 국그릇을 들고 서 있는 엄마를 보자 홍 대리는 웃음이 터지면서도 마음 한쪽이 싸해지는 느낌이었다. 가방을 내려놓은 현관에서 홍 대리는 몇 숟가락을 입에 떠 넣었다.

"엄마, 저 다녀올게요. 오늘 하루도 파이팅 하셈!"

"오냐 내 아들. 잘 갔다 와."

사실 밖에서는 젊은이답지 않게 어른스럽다는 말을 자주 듣지만 엄마 앞에서 홍 대리는 여전히 물가에 내놓은 아이에 불과했다.

엄마는 베란다로 나가 아들의 모습이 사라질 때까지 물끄러미 바라보고 서 있었다.

"재가 정말 무슨 일이 있나? 저렇게 힘들어 한 적이 없었는데……. 아, 참! 오늘 노래교실에서 미리 연습을 해오라고 했는데 깜빡했네! 지난번에 영철엄마가 안무까지 준비해오는 바람에 완전 떴는데, 오늘은 기필코 내가! 호호호."

엄마는 언제 그랬냐는 듯, 다시 노래를 흥얼거리며 외출준비를 하기 시작했다.

CHAPTER 1

영업사원 홍 대리의 고민

Monday

9 am
10
11
12 noon
1 pm
2
3
4
5
6

Tuesday

9 am
10
11
12 noon
1 pm
2
3
4
5
6

SHOPPI
SALE
DIGITAL
MARKET

MARKETING

영업사원 홍 대리

이른 시간인데도 사무실에는 이미 자리에 앉아 있는 사람들이 군데군데 보였다. 분위기는 착 가라앉아 있었다.

'역시, 나뿐만이 아니군.'

그도 그럴 것이 오후에 매출대책회의가 기다리고 있었다. 홍 대리는 한 달 중 이날이 가장 싫었다. 영업 본부장에게 박살이 날 것을 생각하면 도무지 일이 손에 잡히지 않았다.

외국계 IT 가전회사인 '파인애플코리아' 영업팀에 근무하는 홍 대리는 전자제품 파트를 담당하고 있었다. 어제 준비해둔 회의자료에서 목표 매출에 훨씬 못 미치는 숫자를 보자 다시 기운이 빠졌다.

'휴~. 어디 도망갈 데라도 없나.'

사실 올해 매출실적이 이렇게 계속 크게 부러지는 것은 기대했던 텔레비전 판매가 기대치에 훨씬 미치지 못했기 때문이다. 작년 전체 매출의 절반 가까이를 차지할 만큼 인기가 좋은 제품이었는데, 어쩐 일인지 예산을 잡을 때에 비해 매출이 엄청나게 떨어지고 있었다.

파인애플코리아가 수십 년간 세계시장을 선도한 가장 큰 비결은 혁신적인 제품력을 바탕으로 한 강력한 브랜드 파워였다. 불과 몇 년 전만 해도 파인애플이라는 브랜드만 붙어 있으면 경쟁사보다 비싼 가격을 붙여놔도 불티나게 팔려나갔다.

그래서 홍 대리가 이 회사에 경력직으로 입사한 2년 전만 해도 잘 팔리는 모델을 대리점에 골고루 나누어주는 '할당' 업무가 영업사원의 주요 업무 중 하나였다. 대리점들은 인기 모델만 잘 구해다 놓으면 고객들이 제 발로 찾아오기 때문에 너도나도 재고를 확보하는 데 혈안이 되어 있었다. 영업 담당자들은 자신이 관리하는 대리점이나 유통망이 더 중요하다고 설득해서 더 많은 할당을 받기 위해 치열하게 경쟁했다. 상황이 이렇다 보니 비교적 인기가 없는 제품이나 고객 서비스에 대해서는 관심을 가질 겨를도 없었다.

사실 인기 상품의 재고를 확보하는 순간, 실적이 보장되는 것과 다름없었기 때문에 누가 더 많은 재고를 확보하느냐가 곧 영업 담당자의 능력이기도 했다.

하지만 불과 몇 년 사이에 상황은 급격하게 달라졌다. 국내 대기업 전자회사들이 무섭게 성장하며 제품 경쟁력을 키우기 시작한 것이다. 글로벌 시장에 내놓아도 손색이 없을 정도였다. 그러니 이제 소비자들은 제품에 붙어 있는 파인애플 로고의 가치만으로는 더 이상 가격 프리미엄을 허용하지 않았다. 오히려 애프터서비스에 대한 신뢰감 때문인지 국내 브랜드 제품을 선호하는 소비자들도 늘어났다.

고가인 텔레비전 매출이 반토막이 나다 보니, 상대적으로 가격이 낮은 디지털카메라나 뮤직플레이어 같은 제품을 아무리 팔아도 부러진 매출을 메꾸는 것에는 한계가 있었다.

더구나 지난달에 경쟁사에서 출시한 텔레비전은 신기술을 적용한 덕분에 스펙도 훨씬 뛰어나고 가격까지 저렴한 데다 공격적인 광고 판촉활동까지 펼치며 엄청난 인기몰이를 하고 있었다.

이렇게 경쟁 제품에 비해 제품력도 떨어지고 출시된 지 오래

된 제품을 파인애플 브랜드라는 이유만으로 구매하는 소비자는 점점 줄어들었다. 평소 고객충성도 면에서 타의 추종을 불허했던 파인애플사였지만 눈앞에 닥친 현실은 냉정했다. 고객들은 더 이상 파앤애플 브랜드라는 이유만으로 제품을 사려고 들지 않았다.

외부 상황은 이렇게 심각한데도, 회사가 설정한 매출 목표는 낮아질 기미가 보이지 않으니 홍 대리는 미칠 지경이었다. 비단 홍 대리만의 문제가 아니었다. 영업팀 전체가 요즘 초상집 분위기였다.

턱없이 높은 영업목표를 어떻게든 달성해보겠다고 월말이면 거래처를 쫓아가 통사정도 해보고 밀어내기도 해보지만 그러면 그럴수록 거래처 창고엔 재고만 늘어났다. 매달 중순경, 다음 달 매출달성 대책회의가 시작되면 영업 본부장의 고함과 욕설이 사무실을 가득 채웠다.

'아, 내가 전생에 무슨 죄를 지었기에 한 달에 한 번은 꼭 이런 곤욕을 치러야 하는 걸까. 그나저나 다음 달에는 또 어떻게 매출을 맞추지?'

물론 홍 대리도 손을 놓고 있었던 것만은 아니다. 대리점이 확보한 고객데이터를 활용하여 DM(Direct Mail)과 SMS(문자메세지)를 발송해 디지털카메라 특판 행사를 진행하고 근처 대규모

아파트 입주민을 대상으로 현장판매 이벤트를 열어 매출을 맞추겠다는 계획을 세워두긴 했다. 하지만 이것도 지난번에 써먹은 방법이 아니던가. 아무리 잔머리를 굴려봤자 회의에서 무참하게 깨질 것은 불 보듯 뻔한 일이었다.

'이게 다 마케팅 때문이야.'

홍 대리는 억울했다.

잘 나가는 제품은 재고수급도 제대로 못해 매출 기회를 놓치게 하더니 경쟁사보다 뒤떨어지는 스펙의 제품을 더 높은 가격에 책정하는 건 무슨 배짱인가 말이다. 그랬으면 광고라도 제대로 해줘야 할 텐데, 이건 매장을 찾아오는 고객들에게 써먹기도 힘든 판촉기획만 골라하고 있으니 제아무리 날고 기는 영업 담당자라도 무슨 수로 매출을 맞추느냔 말이다.

속에서 부아가 치밀었다. 마케팅 부서가 잘못해서 떨어진 매출을 번번이 영업팀에서 책임져야 한다는 사실이 아무리 생각해도 이해하기 힘들었다.

'그렇게 해놓고 우리에겐 말도 안되는 매출을 맞추라고 쪼기나 하니. 누군 뭐 팔기 싫어서 안 파나?'

머리가 지끈지끈 아파왔다. 커피를 한잔 마실까 하고 휴게실로 향했다. 마침 커피자판기 앞에는 박 대리와 민현기 과장이 이야기를 나누고 있었다. 회의 때문에 마케팅팀의 '마'자만 들어도 화가 났지만 민 과장만은 예외였다.

"민 과장님, 다음 달에 싱가포르에 있는 아시아퍼시픽 본사로 가신다면서요?"

민 과장은 디지털카메라 마케팅 담당으로 본사에서도 인정할 만큼 탁월한 마케팅 전략을 펼친 사람이다. 그래서 통상적으로 본사 직원이 해외지사에 주재원으로 파견되던 관행을 깨고, 이례적으로 해외지사의 직원이 본사의 마케팅을 담당하는 자리로 발탁된 것이다.

항상 새로운 시각으로 도전하는 민 과장의 활약을 옆에서 지켜 봐왔던 홍 대리는 그가 참 대단하게 느껴졌다.

홍 대리가 처음 입사했을 때 "영업은 협상력이 중요하지만 그 협상력을 키우기 위해서는 제품에 관한 지식도 고객이나 대리점보다 떨어지면 안 된다."면서 직접 제품 교육을 시켜 준 사람도 바로 민 과장이었다. 그 덕분에 홍 대리가 다른 제품보다 디지털카메라에 애착을 가지고 매출을 끌어올리는 데 큰 도움을 받았다.

그뿐만이 아니다. 대부분의 마케팅 담당자들이 '바빠서 안 돼요.', '본사 때문에 안 돼요.', '예산이 없어서 안 돼요.', '손익이 나빠져서 안 돼요.'라고 말할 때도 민 과장은 단 한 번도 "안 돼."라는 말을 하지 않았다. 안되는 이유를 찾기보다는 먼저 실행할 수 있는 방법은 없는지를 생각했다. 물론 실패하는 경우도 있었지만 그렇게 시도한 몇 가지 마케팅 캠페인과 판촉이 대박이 나서 다른 해외지사에서는 찾아보기 힘든 성공사례를 만들어낸 것이다.

"가시면 언제 돌아오시는 거예요?"

축하하는 마음과 서운한 마음이 뒤섞여 심란해진 홍 대리가 물었다.

"글쎄, 이번에 나가면 2년 정도 근무하는데, 이번엔 한국 지사가 아니라 본사 소속이니 한국으로 다시 돌아오지 않을지도 모르겠어."

"정말요? 어쨌든 나가시기 전에 소주 한잔해요……."

"그렇잖아도 오늘 저녁에 마케팅 부서 환송회가 있어. 박 대리도 오기로 했으니까 거기로 와. 이것저것 준비할 게 많아서 출국 전에 따로 시간을 내기가 힘들 것 같아."

"네."

홍 대리는 곧 있을 매출대책회의가 부담스러워 서둘러 커피를 들고 회의실로 향했다.

그때 휴게실 게시판 한쪽에 새로 붙은 공지 하나가 눈에 들어왔다. 마케팅 부서의 인력을 사내공모로 충원하겠다는 내용이었다.

'민 과장님이 빠지면 그 자리를 사내공모로 채우려나 보다.'

급한 마음에 별생각 없이 지나치려던 홍 대리의 눈에 '단, 현재 비(非)마케팅 부서 근무자만 지원 가능'이라는 문구가 보였다. 홍 대리는 가던 길을 멈춰섰다.

'비 마케팅 부서? 아!'

지난해 새로 부임한 이덕장 대표가 국내 최고의 근무조건을 가진 기업을 만들겠다는 포부로 추진하는 몇 가지 정책 중에 사내공모제도와 순환근무제도가 있었다.

'GWP(Great Work Place) : 즐겁게 일할 수 있는 가장 좋은 회사 만들기'라는 슬로건 아래 직원들은 역량을 맘껏 개발하고, 회사는 그들에게 꼭맞는 기회를 제공할 수 있도록 새로이 만들어진 제도였다. 그동안 실제로 행해진 사례를 보지 못했는데 이번 공지대로 다른 부서의 지원을 받아 마케팅팀이 충원이 된다면, 아마 사내공모의 첫번째 사례가 될 것이었다.

민 과장이 이례적으로 해외 판매법인에서 근무하다가 본사

GWP [Great Work Place]
순환근무 제도

에 들어가게 된 데도 사실 이 대표의 공이 컸다. 이덕장 대표는 평소에도 역량 있는 인재에게 기회를 부여해야 한다며 글로벌 순환근무제도를 꾸준히 주장해왔다. 이번에 민 과장이 한국지사에서 본사로 발탁되어 가는 것도 이 제도의 혜택을 입은 첫 번째 사례였다.

알림판을 한참이나 들여다보던 홍 대리는 마음이 살짝 흔들렸다. 평소 자주 마케팅팀을 탓하기도 했지만 영업팀이야말로 마케팅의 영향을 지대하게 받는 부서였다. 그래서 평소 마케팅도 혼자 공부해보고 제대로 된 마케팅을 한번 해보고 싶다는 욕심을 갖고 있었던 것이다.

'나도 정말 마케팅을 해볼까?'

하지만 잠시 후 있을 회의를 생각하니 금세 자신감이 사라졌다.

'아니, 내가 마케팅 부서 사람들처럼 경영학을 전공한 것도 아니고 영어를 잘하는 것도 아니고, 그렇다고 지금 영업을 잘하는 것도 아닌데 무슨 수로 마케팅 부서로 갈 수 있겠어. 회의나 하러 가자.'

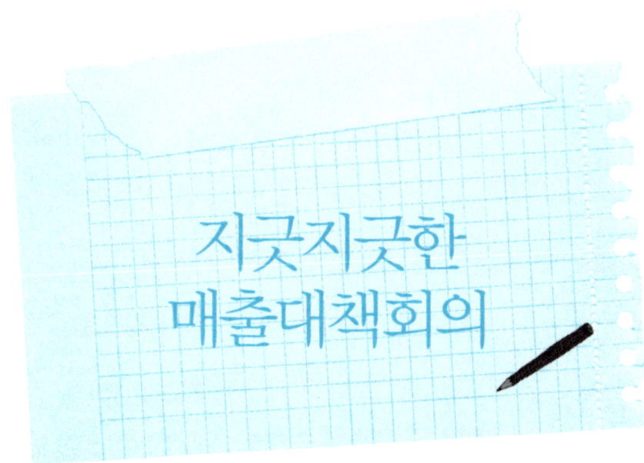

매출대책회의는 역시나 참담했다.

영업 담당자들이 가지고 온 대책이라는 게 홍 대리가 봐도 특별할 거 하나도 없이 이제까지 반복해서 써먹었던 판촉기획의 재탕, 삼탕이 대부분이었다. 그게 아니면 실현 불가능하거나 엄청난 돈이 드는 비현실적인 아이디어들…….

영업 대책회의는 매달 월매출 마감 일주일 전에 열렸다. 매출을 마감하기 전에 부족한 금액을 확인하고 어떻게 매출을 맞출 것인가에 대해 서로 계획을 확인하는 자리인 셈이었다.

하지만 명색이 대책회의를 하면서도 대책을 진심으로 걱정하는 사람은 드물었다. 사실은 누가 먼저 발표할 것인가, 혹은 누가 먼저 영업 본부장에게 깨질 것인가가 가장 예민한 사안 중 하나였기 때문이다. 앞에 발표할수록 집중적으로 포화를 맞는 것은 여러 번의 경험으로 이미 모두가 터득한 사실. 모두들 비장한 표정으로 자신이 오늘의 첫 번째 희생양이 되지 않기만을 빌고 있는 것이 느껴졌다.

"여기가 무슨 초상집이야? 분위기가 왜 이래?"

영업 본부장인 김독불 본부장이 자리에 앉으며 말했다.

모두들 눈을 마주치지 않으려는 듯 고개를 숙인 채 침묵하고 있었다.

"자, 구 팀장. 매출대책회의 시작하지."

"네, 본부장님. 이 과장부터 시작하겠습니다."

영업팀의 구수한 팀장은 매출 규모가 가장 큰 주요 거래처를 맡고 있는 이 과장을 쳐다보며 발표를 하라는 눈짓을 보냈다.

"이, 이번 달 매출목표는 5억이었으나 현재 56% 달성률을 보이고 있습니다. 이달 말까지 매출목표를 달성하기 위해서 부족한 금액은 TV제품, 디지털카메라 등 전 제품을 10% 할인하는 행사를 진행할까 합니다."

긴장을 한 탓인지 이 과장의 목소리가 조금 떨렸다. 영업팀에서 가장 오래 근무한 고참으로 주요 거래처를 맡고 있는 이 과장이었지만 평소 근무태도도 성실하지 못하고 실적도 계속 나빠지고 있던 터라 최근 몇 달 동안 가장 많이 깨지는 영업사원 중 한 명이었다. 모두들 숨을 죽이고 있었다.

가만히 듣고 있던 본부장이 잔뜩 찡그린 얼굴로 입을 열었다.

"이 과장 거래처에 지금 재고가 얼마나 있지?"

"아, 그게…… TV하고 디지털카메라 제품은 지난달 말에 밀어내기 한 물량이 아직도 많이 남아 있어서……."

"그래서, 재고금액이 얼마야? 모델별 실판매 대비 재고수량이 얼마나 되지? 현재 수준이면 재고소진 기간이 얼마나 돼?"

"…… 정확히 파악은 되고 있지 않습니다."

이 과장의 목소리가 모깃소리만 해졌다.

"10% 깎아서 팔면 지난달 밀어내기 한 재고는 소진할 수 있겠어?"

"지난주부터 우주전자가 TV 주요 모델 할인행사를 시작해서 저희도 대응을 해야……."

"걔들 가격이 얼마에서 얼마로 내려 행사하지?"

"제가 가격을 다 정확히 외우고 있지는 못해서……."

이 과장의 얼굴은 이미 땀으로 흥건해져 있었다.

"우주전자가 10% 가격 할인하면 우리 제품하고는 20% 가까이 차이 나잖아. 우리가 기본적으로 10% 정도 프리미엄 가격 책정을 하니까 말이야. 그런데 고작 10% 할인해서 팔리겠어?"

"그래도 아무 조치도 취하지 않으면 더 안 나가기 때문에, 조금이라도 할인을 해 주면 아무래도……. 그리고 지금 TV제품 사은품 행사를 하고 있으니까 사은품 가격을 적용하면 가격경쟁력이 조금은 생길 것 같습니다."

"마케팅팀과는 가격지원 협의한 거야?"

"오늘 회의 끝나고 마케팅에 가서 이야기할 예정입니다."

"만약에 마케팅에서 지원을 안 해주면? 거기도 이번 달 사은품 행사하느라고 별도로 지원할 판촉비 없을 텐데?"

"그러면, 거래처에 이야기해서 일단 재고를 소진해야 하니까 할인해서 판매하도록……."

갑자기 본부장이 이 과장의 말을 끊고 버럭 소리를 질렀다.

"가뜩이나 장사도 안 되는데, 대리점에게 자기 마진 깎아서 할인 판매하라면 하겠어? 이 과장 같으면 영업실적 안 좋으니 네 월급 깎아서 판촉비 쓰고 실적 올리라고 하면 그렇게 하겠어?"

이 과장은 자리에 앉지도 서지도 못한 채 어쩔 줄 몰라하고 있었다. 본부장은 모두를 향해 소리쳤다.

"안 팔리니 더 깎아주고 더 끼워주고 그런 거 누가 못해? 각 대리점의 상황에 맞는 새로운 마케팅 기법을 개발해보란 말이야! 그런 거 하라고 영업사원이 있는 거지, 영업사원이 대리점 주문만 받아주면 되는 사람이야? 그럴 것 같으면 영업지원팀 오더데스크 여직원들만 있어도 충분해! 오더데스크 여직원만도 못한 영업사원은 회사월급 축내고 다른 사원에게 피해 주지 말고 당장 나가!"

회의장이 떠나갈 듯 고래고래 소리를 지르는 김독불 본부장의 말에 직원들은 모두 꿀 먹은 벙어리처럼 말이 없었다. 하지만 속으로는 '그렇게 잘하면 당신이 직접 해보시죠!'라고 맞받아치고 싶은 마음이 굴뚝같았다. 도대체 이런 상황에서 어떻게 새로운 매출을 만들어내란 말인가?

불똥은 영업 팀장에게 튀었다.

"구 팀장! 담당들이 이 모양인데 팀장이 하는 일이 뭐야? 대리점에 재고 쌓이면 수금 늦춰줘서 밀어내고, 술 마시며 밀어내고, 협박으로 밀어내고, 부탁하며 밀어내고, 책임지지도 못할 거짓말 하면서 밀어내고! 그런 거 할 시간 있으면 고객에게 실판매를 늘릴 수 있는 방법을 더 고민하라고!"

김독불 본부장은 구 팀장을 일으켜 세워놓고 소리를 지르다가 급기야 손에 들고 있던 수첩을 그의 얼굴에 휙 집어던졌다. 부하직원들 앞에서 망신을 톡톡히 당한 구 팀장은 입을 꽉 다문 채 말이 없었다. 사실 그는 자신이 욕을 먹는 것보다 본부장에게 매번 박살이 나는 부하직원을 지켜주지 못하는 스스로의 무능력함 때문에 더 속이 쓰렸다.

김독불 본부장은 좀 누그러진 목소리로 모두를 향해 말했다.

"이러니 마케팅에서는 만날 자기들은 좋은 물건 가져다 주는데, 영업이 제대로 못해서 매출이 깨진다고 난리지. 시장을 알고 고객을 알아야 하는 사람이 누구야? 바로 영업사원이야. 왜 안 팔리는지, 어떻게 하면 잘 팔리는지 말할 수 있어야 할 거 아냐? 그래야, 마케팅에서 영업 핑계 못 대고 제대로 마케팅을 할 수 있을 거 아니냐고?"

'휴…… 저 이야기가 왜 안 나오나 했다.'

홍 대리는 눈을 질끈 감았다.

"영업과 마케팅이 조직적으로 구분되어 있어서 여기는 매출만 하고 저쪽은 마케팅만 하면 된다고 생각하는 사람이 있는데 영업이야말로 진정한 마케팅 영역이란 거 몰라? 마케팅이 뭐냐? 영어로 마켓, 즉 시장에 관한 일을 하는 것이 마케팅 아니야? 그럼 시장을 가장 잘 아는 사람이 누구야? 바로 영업이야! 그것이 영업사원이야말로 진정한 마케터가 되어야 하는 이유고. 만날 매출 못한다고 마케팅에서 구박만 받지 말고 시장을 아는 진정한 마케터가 되면 마케팅과의 업무 구분도 필요 없고 매출도 저절로 일어난다는 걸 잊지 말라고!"

그것은 김독불 본부장의 영업에 대한 지론이었다. 매달 회의 때마다 빼놓지 않고 강조하는 말이었지만, 사실 그 말을 주의 깊게 듣는 사원은 많지 않아 보였다.

'영업만 해도 챙길 게 얼마나 많은데, 마케팅 영역의 일까지

우리가 다 어떻게 하라는 거야?'

차마 입 밖으로 꺼내진 못했지만 고개를 떨구고 있는 사원들의 속마음은 다 비슷비슷했다.

"팀장님, 밖에서 담배나 한 대 하시죠."

회의실을 빠져나오는 구 팀장을 붙잡은 홍 대리는 밖으로 나왔다. 그리고는 얼른 주머니에서 라이터를 꺼내 구 팀장 담배에 불을 붙여 주었다. 홍 대리는 담배를 피우지 않지만 거래처 사장 중에 담배를 피우는 사람이 많기 때문에 평소에도 라이터를 주머니에 넣고 다녔다.

"휴……."

구 팀장도 담배를 피우면서 시원한 바람을 쐬니 조금 숨통이 트이는 듯했다.

"힘드시죠 팀장님."

"영업 15년 하는 동안 시장이 좋아서, 경쟁사보다 제품이 좋아서, 가격경쟁력이 있어서 장사가 잘된다는 말은 한 번도 못 들어봤지만 그래도 요즘은 정말 해도 해도 너무하는 것 같다."

홍 대리는 고개를 끄덕였다. 영업의 햇병아리인 자신이 봐도 최근 시장상황은 최악이었다. 영업이라는 것이 항상 '시장이 안 좋아서', '경쟁사에서 더 좋은 신제품이 나와서', '가격 경쟁력이 없어서' 매출이 안 나온다는 말을 하지만 지금은 핑계라고 하기엔 안 좋아도 너무 안 좋았다.

"이놈의 담배도 끊어야 하는데, 담배마저도 없으면 이 시절을 어떻게 견디나 싶을 정도야."

홍 대리는 말 없이 구 팀장의 옆모습을 쳐다보았다. 할 말이 없었다. 자신이 잘해서 매출을 조금 더 올렸더라면 팀장이 오늘처럼 무참하게 깨지는 일은 막을 수 있었을 거라고 생각하니 미안한 마음이 밀려왔다.

"휴……."

홍 대리는 마치 자신이 담배라도 피우는 것처럼 한숨을 내쉬며 하늘을 바라보았다.

이렇게 하늘을 바라보았던 게 언제였던가?

하루 종일 사무실에서 대리점으로, 온갖 회의 준비와 서류정리, 숫자와 싸우느라 종종거리며 뛰어다니다 보면 계절이 바뀌는 것도 잊고 지낼 정도로 정신이 없었다. 그러고 보면 홍 대리가 파인애플코리아의 영업부에 온 지도 벌써 2년이 넘었는데 여행 한번 제대로 다녀오지 못했다는 생각이 들었다. 맑은 하늘에 뭉게구름 하나가 천천히 흘러가고 있었다.

영업 vs. 마케팅

'영업(세일즈)'이라 함은 만들어진 제품을 판매하는 것을 말한다. 마케팅이 시장조사를 통한 상품기획부터 소비자가 이용 후 처분하는 과정까지 모든 과정을 고려하기 때문에 경영학상의 마케팅 이론에서는 영업(판매)을 마케팅의 한 영역으로 본다. 경영학에서 마케팅 과목은 따로 있지만 세일즈 과목은 따로 없는 것도 그런 이유이다.

그러나 실제 기업에서는 마케팅을 판매를 촉진하는 영업의 한 부분으로 보기도 하며 그 구분은 갈수록 모호해지고 있다. 기업에서는 기능의 중요도나 조직의 크기에 따라 영업과 마케팅 조직이 분리되어 있는 경우도 있고, 영업 부서 밑에 마케팅 부서가 존재하는 경우도 있으며 '영업마케팅' 또는 '마케팅영업'이라는 이름으로 한 조직으로 되어 있는 경우도 있다.

이렇듯 기업에서 영업(세일즈)과 마케팅은 서로 떼려야 뗄 수 없는 밀접한 관계로 서로 협력해야 한다. 그럼에도 불구하고 마케팅 부서와 영업 부서는 때로는 경쟁관계로 서로 으르렁대기도 한다. 제품을 판매해야 하는 영업부서 입장에서는 제품의 경쟁력이 없어서, 가격이 비싸서, 물량이 모자라서 영업을 아무리 잘해도 매출이 나쁘다는 이야기를 하기도 하고, 반대로 마케팅은 제품도 좋고 경쟁력도 있는데 영업이 장사를 잘 못해서 매출이 나쁘거나 이익이 악화된다고 말하기도 한다.

특이하게 우리나라의 경우, 과거 유교문화의 영향으로 영업(장사)은 마케팅보다 레벨이 낮은 직군이라고 생각하며 무조건 마케팅을 선호하는 경향이 많이 있다.

마케팅은 상위개념의 전략을 짜고 영업은 하위개념의 판매행위를 하는 것으로 생각하는 사람이 많은 것은 이런 이유에서다.

하지만 영업이야말로 '마케팅'의 개념이 생겨나기 훨씬 이전부터 있어온 마케팅의 가장 기본적이면서 중요한 과정임을 간과하고는 진정한 마케터가 될 수 없다. '경영학의 아버지'라고도 불리는 피터 드러커는 '마케팅이란 영업(판매활동)을 불필요하게 만드는 것이다.'라고 정의하기도 하였다. 이는 마케팅이 영업보다 더 상위개념이거나 더 중요하다는 말로 인식하기보다는 영업(판매활동)을 마케팅의 중요한 한 영역으로 보고 제대로 된 마케팅을 시행하면 영업을 따로 하지 않아도 될 만큼 고객이 스스로 구매를 한다는 뜻으로 해석을 해야 옳다.

엄마는 영업 천재

구 팀장과 함께 막 사무실로 들어가려고 하는데, 홍 대리의 휴대폰이 울렸다. 엄마였다.

"어, 엄마가 이 시간에 웬일이지?"

구 팀장은 홍 대리에게 편하게 전화 받고 들어오라면서 먼저 사무실로 들어갔다. 홍 대리는 얼른 전화를 받았다.

"아들! 이제 걱정하지 마! 엄마가 너를 위해서 오늘 너희 회사 제품을 엄청 많이 팔았어!"

다짜고짜 소리를 지르는 엄마의 목소리가 어찌나 큰지 휴대폰에서 귀를 떼고 있어도 훤히 들릴 정도였다. 홍 대리는 당황해서 엄마에게 되물었다.

"네? 뭘 많이 파셨다고요?"

"너 영업사원이잖아. 요즘 들어 네가 회사 가기를 그렇게 힘들어하는 데는 다른 이유가 있겠니? 영업사원이 매출만 잘 올리면 무슨 고민이 있겠어? 안 그래?"

엄마는 마치 영업사원들의 사정을 뻔히 알고 있다는 듯 말했다.

"엄마, 자세한 이야기는 집에 가서 해요. 근데 무슨 일 있어요? 저 빨리 일하러 가야 해요."

엄마표 수다가 시작되기 전에 얼른 전화를 끊어야 했다. 홍 대리는 빨리 용건을 말하고 끊으라는 듯 독촉했다.

"사실은 말이야. 내가 오늘 노래교실에 갔더니 영철이 엄마가 텔레비전 새로 사야 한다고 말하는 거야. 그래서 내가 너희 회사 제품 사라고 엄청 광고해줬어. 가격은 좀 비싸지만 품질 좋고 엄청 튼튼하다고. 또 내가 지금 보고 있는데 화질이 국산하고는 비교가 안 된다고."

엄마는 홍 대리가 미처 말을 끊을 틈도 주지 않고, 속사포로 말을 계속 이어갔다.

"그랬더니 마침 옆에 있던 상훈이 엄마도 텔레비전이 필요하다는 거야. 그래서 내친 김에 내가 그 아줌마들 다 끌고 하이랜드까지 갔지 뭐냐. 그런데 얘, 놀라지 마라. 내가 오늘 거기서 너희 회사 텔레비전을 두 대나 팔았지 뭐니? 상훈이 엄마는 딸내미 준다고 카메라까지 너희 회사 것으로 샀다니까! 걔 있잖아, 상훈이 막내 동생. 걔가 이번에 대학 들어갔잖아. 알지? 하여튼, 거기 하이랜드 매장의 영업사원이 나를 붙잡고 이렇게 훌륭한 영업사원은 처음 봤다며 난리가 났다니까! 하긴, 그 매장 총각은 내 덕분에 오늘 매출 좀 올렸겠어, 그치? 그러고 보니 그러면 나한테 뭐 사은품이라도 좀 챙겨줘야 하는 거 아니니?"

"저기, 엄마……."

엄마는 홍 대리의 말에는 아랑곳하지 않고 계속 말을 이어갔다.

"그런데 텔레비전 사면 사은품으로 주는 뮤지컬 티켓은 나는 안 주더라고. 티켓 한 장당 십만 원이 넘는 거라 텔레비전 판매 대수와 딱 맞춰서 줘야 된다나 뭐라나? 사실 처음에는 거기 판매사원 총각이 우주전자 텔레비전이 가격도 싸고 사은품으로 DVD 플레이어도 준다면서 자꾸만 그쪽으로 권하는 거야. 판매사원이 계속 추천해 주니까 그 아줌마들도 홀랑 넘어가서는 그걸 사려고 하잖아."

엄마는 숨도 안 쉬고 말하는 기계라도 단 걸까?

"그래서 내가 그 아줌마들한테 그랬지. 텔레비전은 지금 사면 최소한 십 년은 볼 건데 지금 몇만 원 아끼려고 싼 거로 사면 두고두고 십 년을 후회한다고 말이지. 그 가격 차이를 십 년 동안 매일매일로 나눠 봐라. 하루에 몇십 원 차이다. 그것만 더 주면 훨씬 더 좋은 텔레비전을 매일 보는데 왜 그걸 아까워하냐고. 그러고 보니, 엄마 젊었을 때는 '순간의 선택이 십 년을 좌우한다'라는 텔레비전 광고도 있었는데 말이야. 호호호. 하여튼 내가 그랬어. 좀 비싸도 그 텔레비전 사서 거실에 딱 갖다 놓으면 거실은 물론 집까지 확 달라보인다고."

홍 대리는 엄마야말로 진정한 세일즈맨이라고 생각했다. 이제는 엄마 말을 막는 것은 포기하고 그냥 다 들어보기로 했다.

"어쨌건, 오늘 엄마가 판 텔레비전 두 대랑 카메라 한 대, 그거 네가 팔았다고 하고 네 매출로 잡아달라고 해. 앞으로도 엄마가 쭉~ 더 많이 팔아볼 테니까 너는 너무 스트레스 받지 말고 회사 다녀. 엄마랑 너랑 둘이 뛰는데 아무래도 혼자 하는 매출보단 낫지 않겠니?"

엄마의 결론은 바로 그것이었다. 아들이 고민하는 이유가 매출 부진 때문일 거라고 판단한 엄마는 홍 대리를 돕기 위해 직접 판매에 나선 것이었다.

"엄마, 그 매출이랑 제 매출은 달라요. 제 매출은 제 거래처가 우리 회사로 주문을 하면 회사가 거래처에 판매하는 매출이고요, 아줌마들이 매장에서 산 것은 거래처가 고객에게 판매하는 것이라 그건 실판매라고 해요. 더구나 하이랜드는 제가 담당하는 거래처도 아니라고요."

홍 대리의 설명에 엄마는 깜짝 놀라며 되물었다.

"그럼, 매장에서 아무리 많이 팔아도 네 매출하고는 전혀 상관이 없는 거야?"

"아니, 꼭 그렇다고 볼 수는 없어요. 요즘은 회사에서 거래처에 파는 매출보다는 각각의 거래처가 고객에게 판매하는 실판매가 더 많아지도록 관리하고 판촉하는 것이 점점 더 중요해지고 있어서 평가에 포함되기도 해요. 어쨌건 지금 저에게 중요한 건 그런 실판매는 아니고 거래처가 저에게 주문하는 매출이에요."

엄마는 조금 이해가 안 된다는 말투로 다시 물었다.

"그런 거냐? 근데, 매장에서 많이 팔려야 그 거래처가 또 너희 회사에서 많이 사오고 그럴 거 아냐?"

엄마는 하나를 가르쳐 주면 열을 안다. 엄마가 젊었던 시절에는 여자가 직장을 다니는 경우가 거의 없어서 일을 할 수 없었겠지만, 만약 엄마가 요즘 시대에 태어나서 영업사원을 했다면 분명히 크게 성공했을 거라고 홍 대리는 생각했다.

"맞아요, 엄마. 매장에서 우리 제품이 많이 팔리면 거래처도 우리 회사에서 많이 사가니까 영업사원들의 매출도 좋아지겠죠. 근데 요즘은 거래처에 재고가 너무 많이 쌓여 있어서, 그걸 다 팔고 우리 회사에 주문하려면 아직 한참은 있어야 해요."

홍 대리는 엄마가 이해하기 쉽도록 가능한 간단하고 쉽게 설명했다.

"근데, 거래처가 왜 재고를 많이 가지고 있는 건지 잘 모르겠네? 적당한 양만 가지고 있다가 팔리면 필요한 대로 너희 회사에 주문해서 팔면 되는 거 아냐?"

엄마는 천재다. 엄마 입장에서는 궁금한 것이 당연하겠지만 홍 대리는 엄마의 촌철살인 같은 질문에 양심이 '콕' 하고 찔리는 기분이었다.

"거래처에서 재고가 많이 쌓이는 이유에는 두 가지가 있어요. 하나는 적당량의 재고를 주문해서 가지고 있었는데 갑자기 물건이 너무 안 팔려서 재고가 쌓이는 경우고요. 다른 하나는 우리 회사에서 매출을 일으키려고 거래처가 주문을 많이 하도록 만드는 경우가 있죠."

홍 대리는 마치 신입사원을 가르치듯 친절하게 설명했다.

"판매가 안 되는데 너희 회사가 주문을 하라고 한다고 거기서 주문을 하겠니?"

엄마는 틈을 주지 않고 다시 질문을 했다.

"맞아요 엄마. 그래서 매출이 떨어지면 회사에서는 거래처에서 주문을 많이 하도록 다양한 노력을 해요. 가격도 깎아주고 주문을 많이 한 매장에는 인센티브도 주고, 또 저 같은 영업사원들은 거래처 사장님 찾아가 같이 술 마시면서 부탁도 하고요."

"아니 그거 참 이상도 하구나. 물건이 안 팔려서 재고가 쌓이는데 너희 회사는 또 주문하라고 그러고, 그래서 또 주문하면 재고는 더 쌓일 거 아냐. 그러다 나중에 거래처가 망하기라고 하면 어쩌려고 그래? 거래처들이 망하면 결국 너희 회사도 망하는 거잖아?"

헉, 엄마는 정말 천재가 맞다. 영업사원 홍 대리조차 당황할 정도의 질문을 하는 엄마에게 해 줄 적절한 대답을 찾고 있는 동안 엄마는 다시 말을 이어나갔다.

"그럼 나 오늘 괜히 쓸데없는 짓만 한 거네? 네 매출로 잡히는 것도 아닌데, 괜히 우주전자보다 더 비싼 너희 텔레비전 힘들게 팔았잖아. 그럴 줄 알았으면 그냥 그 아줌마들 우주전자 제품으로 사라고 할 걸 그랬다, 얘."

목소리에 다소 기운이 빠진 듯했다. 하지만 언제 그랬냐는 듯 수화기 저편에서는 다시 힘찬 목소리가 들려왔다. 역시 엄마는 전환이 빠르다.

"하긴 그 아줌마들도 자기들이 좋으니까 비싸도 너희 회사 텔레비전 산 거지, 뭐. 설마 그 비싼 걸 내 말만 듣고 결정했겠니? 하여튼 너희 회사 제품 사라고 떠들고 다니는 일은 이제 그만 해야겠다."

"아니에요, 엄마. 엄마 같은 사람들이 그렇게 입소문을 내주면 정말 도움이 돼요. 엄마 친구분들도 우리 제품 써보고 좋으면 다른 아줌마들에게 우리 제품 사라고 입소문을 내 줄 거잖아요. 기업에서는 그렇게 좋은 소문을 많이 내려고 일부러 '입소문 마케팅'을 하기도 해요."

"그래? 입소문인가 뭔가가 너에게 도움이 된다면 다행이구나. 그러면 내가 다른 아줌마한테도 소문 많이 내 주고 다른 아줌마들도 또 소문 많이 내 달라고 할게. 근데, 많이 바쁘냐?"

전화를 하자마자 물어봤어야 할 질문을 이제야 하신다.

"빨리도 물어보시네요. 바빠서 얼른 전화 끊고 다시 일하러 가야 한다니깐요."

홍 대리는 전화를 끊으려다 말고 재빨리 말했다.

"아무튼 고마워요, 엄마."

홍 대리는 갑자기 마음이 짠해졌다. 엄마에게 괜한 걱정을 끼친 것 같아 앞으로는 스트레스가 심해도 밖으로 드러나지 않도록 좀 더 신경을 써야겠다고 생각했다.

"싸랑해요, 엄마."

"야, 이놈아! 그런 말은 네 여자 친구한테나 해라."

뚝.

역시 엄마는 엄마 할 말만 하고 끊으신다.

Sell–in / Sell–thru / Sell–out

Sell–in(셀인)은 제조업체로부터 유통업체로 판매되는 것을 말한다. 흔히 기업의 매출을 이야기할 때는 기업이 유통업체에 판매하는 Sell–in을 뜻하는 것이다.

Sell–out(셀아웃)은 유통업체로부터 최종 소비자로 판매되는 것으로 '실판매'라고도 한다. Sell–in, Sell–out과 함께 Sell–thru(셀쓰루)라는 말을 쓰기도 하는데, Sell–thru는 Sell–out과 동일한 개념으로 쓰이는 경우도 있으나 유통거래처를 통해 판매매장으로 뿌려지거나 소비자에게 판매되기 전 단계의 유통거래처 사이의 거래를 뜻한다.

판촉 프로모션도 Sell–in, Sell–out에 따라 유통업체, 판매사원, 고객에 제공하는 혜택의 내용이 달라진다. Sell–in 프로모션은 매입금액에 따라 유통업체에 지급하는 인센티브, 물량규모에 따라 할인해 주는 물량할인(Volume Discount), 실판매 수량과 상관없이 매입물량과 함께 제공하는 사은품 등이 있을 수 있고, Sell–out 프로모션은 매장에서 판매되는 수량에 따라 판매사원에게 지급하는 판매사원 인센티브, 고객에게 직접 제공되는 사은품 및 가격할인 등이 있다.

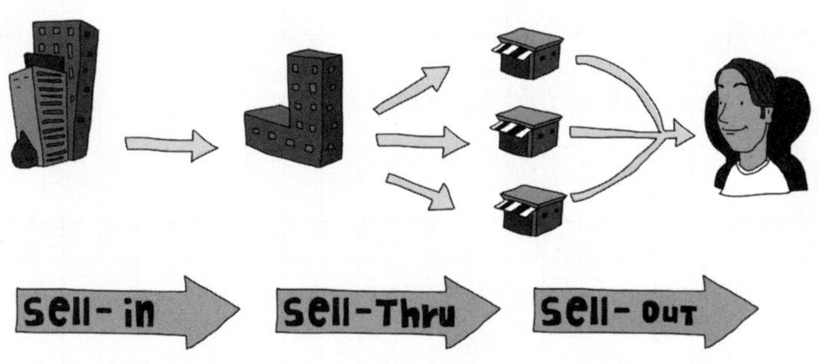

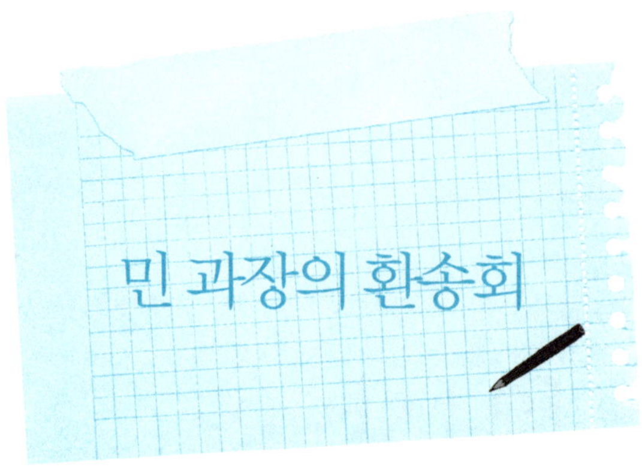

민 과장의 환송회

"홍 대리, 오늘 마케팅팀의 민 과장 환송회에 간다고 하지 않았나?"

"네, 퇴근하고 가보려고요."

"그래, 그럼 간 김에 마케팅팀 PM들하고 잘 이야기해서 판매지원 좀 받아와 봐."

농담인지 진담인지 알 수 없는 말을 남기고 구 팀장은 대리점 사장을 만난다면서 퇴근해버렸다.

홍 대리는 난감했다. 민 과장과의 친분 때문에 환송회에 참석하는 건데, 마케팅 PM들에게 잘 이야기해서 지원을 받아오라니 회식자리 가기가 갑자기 부담스러워졌다.

회사 앞 단골 삼겹살집의 큰 방이 마케팅 부서 직원으로 가득 차 있었다. 영업부나 관리 부서에서 온 직원들도 간간이 보였다. 능력도 뛰어났지만 인간관계도 좋았던 민 과장의 환송회이니만큼 회사 전체의 회식이라도 되는 듯 많은 사람들이 모여 있었다.

미리 도착해 있던 박 대리가 홍 대리를 보고 손을 흔들었다. 홍 대리는 슬그머니 박 대리 옆자리로 비집고 들어가 자리를 잡았다.

주인공인 민 과장은 이미 술잔을 많이 받았는지 얼굴이 불콰해져 있었다. 민 과장이 홍 대리를 발견하고 반갑게 손을 내밀었다. 그 옆에 낯선 얼굴의 여직원 하나가 앉아 있었다.

"홍 대리, 우리 신입사원 소개해 줄게. 여기는 지난달에 입사한 마신애 씨야."

민 과장은 홍 대리와 마신애를 번갈아 보면서 말했다.

"마신애 씨, 여기는 '영업팀의 매너남' 홍 대리. 영업이든 회사 생활이든 모르는 것이 있으면 홍 대리에게 물어봐. 아마 친절하게 알려줄 거야. 그렇지 홍 대리? 내가 마신애 씨 사수인데 사실 그동안 너무 바빠서 잘 가르쳐 주지도 못한 게 마음에 걸려. 홍 대리, 우리 마신애 씨 좀 부탁할게. 앞으로 많이 도와줘!"

생각지도 못하게 예쁜 여직원을 소개받은 홍 대리는 왠지 쑥스러운 마음에 제대로 눈도 마주치지 못했다.

"안녕하세요? 저는 마케팅팀 신입사원 마, 신, 애, 입니다. 열심히 하겠습니다! 잘 부탁드립니다!"

얌전하게 생긴 얼굴과는 달리 씩씩한 목소리에 홍 대리는 깜짝 놀랐다.

"네, 저도 잘 부탁드려요."

그때였다. 마케팅 팀장인 고장수 부장이 본부장인 나잘난 이사를 모시고 들어오자 모두 자리에서 일어섰다.

"자, 본부장님 오셨습니다!"

고 부장은 의기양양하게 목청을 높이며 나 이사를 테이블의 중간쯤 되는 자리로 안내했다. 홍 대리는 졸지에 나 이사의 맞은편에 앉게 되었다.

'저분이 나를 아실까? 하긴 마케팅 이사님이 영업부 말단 직원 얼굴까지 기억하실 리가 없지.'

그렇다고 신입사원도 아닌데 새삼스레 자기소개를 하기도 민망하고 안 하고 있자니 그것도 불안했다. 이렇게 어색함을 억지로 견디고 있느니 피하는 게 낫겠다 싶어서 홍 대리는 다른 곳에 자리가 없는지 살피기 시작했다.

나 이사는 작년에 마케팅 본부장으로 전격 영입된 임원이었다. 어릴 때 부모님을 따라 외국으로 건너간 뒤에 해외 명문대학에서 MBA까지 마쳤으며, 이후 세계적으로 유명한 글로벌 회사와 전략 컨설팅 펌에서 일하다가 비교적 젊은 나이에 마케팅 이사로 스카우트된 분이었다.

반면에 마케팅 팀장인 고 부장은 좋은 학교를 나오지도 못했고 영어를 잘하지도 못했다. 십 년 전 파인애플코리아가 처음 한국지사를 설립할 때 이전 한국시장의 총판을 하던 대리점을 흡수하는 과정에서 딸려온 직원으로, 나 이사가 마케팅 본부장으로 영입되었을 때 구조조정 대상 0순위라는 소문이 돌았었다. 회사에서 굳이 구조조정을 하지 않더라도 자신보다 두 살이나 어린 임원을 모시게 되면 스스로 성질을 이기지 못해 제 발로 나갈 거라는 소문도 있었고, 어쩌면 회사에서 고 부장을 제거하기 위해 젊은 나 이사를 영입했을지도 모른다는 뒷말이 나돌기도 했다.

이처럼 흉흉한 소문이 들리는 데는 그만한 이유가 있었다. 고 부장은 사람들에게 그다지 평판이 좋지 않았다. 전형적으로 강자에게 약하고 약자에게 강하며 상사에게 아부하고 부하직원은 함부로 짓누르는 사람이었다. 그가 비굴한 모습으로 상사에게 아부하거나, 부하 직원에게 큰소리치면서 무식하게 대하는 모습에 사람들은 그를 '고장수'라는 이름 대신 '개장수'라고 불렀다. 그리고 그가 하루빨리 회사에서 나가기만을 고대했다.

그러나 모두의 예상을 뒤엎고 고장수 부장은 나이 어린 임원 밑에서 도에 넘치는 충성을 다짐하며 안정적으로 자리를 잡았다. 그것도 마케팅 팀장으로.

나잘난 이사 입장에서는 새로운 환경에서 자리를 잡는 데 고 부장의 도움이 컸던 것도 사실이다. 회사 사정에 누구보다 밝고 가려운 곳을 알아서 긁어줄 정도로 눈치도 빠른 데다, 부하직원들을 관리하는 데 탁월한 능력을 지닌 고 부장의 충성은 비록 진심은 아닐지라도 무척 요긴할 때가 많았을 것이다.

"자, 자, 여기 주목, 주목! 오늘 이렇게 우리 마케팅 부서 직원이 다 모인 좋은 날, 건배합시다!"

'개장수'는 뭐가 그리 좋은지 연신 싱글거리며 건배를 제의했다.

"자, 팀의 막내인 신입사원 마신애 씨, 일어서서 건배사 좀 해보지!"

갑작스런 고장수 부장의 지시에 당황한 마신애는 잠깐 멈칫거리다 일어섰다. 수십 명의 눈이 마신애에게 쏠렸다. 마신애는 자신을 바라보는 그들의 기대를 저버리고 싶지 않았다. 혹시나 싫어 미리 건배사를 준비해두길 잘했다는 생각과 함께, 잘하면 이번 기회에 여러 사람에게 자신을 알릴 수 있겠다는 야무진 생각도 들었다.

"안녕하십니까? 저는 신입사원 공채 7기 마신애입니다. 이렇게 좋은 회사에서 훌륭하신 선배님들과 같이 일하게 되어 진심으로 영광이라고 생각합니다. 그럼 제가 신입사원의 패기를 모아 건배사를 올리겠습니다."

"우리 마케팅팀이 아주 훌륭한 신입사원을 뽑았어. 흐흐. 얼굴도 예쁘고 일도 잘하고, 이제보니 말도 잘하네!"

고 부장은 능청스럽게 히죽거리며 마신애를 쳐다봤다. 홍 대리는 그런 고 부장의 표정이 왠지 못마땅했다.

"제가 '난 네 거야!'를 외치면 여러분은 '넌 내 거야!'를 외쳐주시기 바랍니다. 저는 이제 회사와 여러분의 것입니다. 자, 모두 잔을 채워 올려주십시오."

마신애는 모두의 잔이 올라간 것을 확인하고 큰 소리로 외쳤다.

"난 네 거야!"

"넌 내 거야!"

마신애의 건배사에 맞춰 여기저기서 잔을 부딪히는 소리가 이어졌다. 홍 대리도 원샷을 했다.

"마신애 씨, 이쪽으로 와 봐요."

마신애가 자리에 앉기도 전에 고 부장이 마신애를 불렀다.

"우리 본부장님하고 러브샷 한잔 해야지~."

고 부장에게 불려가는 마신애는 불편한 기색이 역력했다. 홍 대리도 음흉한 미소를 띠며 여자 사원과 상사의 러브샷을 종용하는 고 부장의 행동이 불편했지만, 그렇다고 마신애를 도울 수 있는 방법이 딱히 있는 것도 아니었다.

"자, 자, 여기 주목! 우리 모두가 존경하는 본부장님과 미모의 신입사원 마신애 씨의 러브샷이 있겠습니다!"

개장수가 사람들의 이목을 집중시켰다.

"자, 박수!"

직원들이 '와!'하며 박수를 쳤다. 나 이사는 한껏 달아오른 분위기를 깨지 않기 위해 러브샷을 하면서도 매너 있게 약간 거리를 두어 잔을 비웠다. 러브샷 후, 나 이사는 자신의 옆자리에 마신애를 앉히려는 고 부장을 말리고 나섰다.

"네, 됐어요. 마신애 씨는 이제 자기 자리로 돌아가도 좋아요."

회식자리는 점점 무르익어가고 있었다. 홍 대리는 민 과장과 이야기를 나누고 싶어 계속 기회가 오길 기다렸다. 하지만 민 과장은 이리저리 불려다니며 인사를 나누고 술잔을 받느라 바빠 보였다. 할 수 없이 홍 대리가 이리저리 자리를 옮겨 다닌 끝에 드디어 민 과장과 한자리에 앉을 수 있었다.

"홍 대리, 오늘 와줘서 정말 고마워! 그리고 내가 그동안 영업팀 직원들이나 홍 대리한테 해준 게 없어서 정말 미안해."

여러 사람에게 받아 마신 술 때문인지 이미 적당히 취기가 오른 민 과장이 홍 대리의 어깨를 두드리며 말했다.

"아니에요, 과장님. 저 회사 처음 들어왔을 때 많이 힘들었는데, 민 과장님이 챙겨 주시고 가르쳐 주셔서 덕분에 많이 배웠어요."

"무슨 소리야. 마케팅 PM이 잘해야 영업도 수월한 법인데 만날 영업팀 사람들 아쉬운 소리만 하게 만들고 지원 요청도 번번이 거절하고, 정말 미안한 게 많아."

홍 대리는 마케팅팀에서 그나마 영업팀의 입장을 이해하고 도와주려고 노력했던 민 과장이 떠난다는 사실에 갑자기 덜컥 겁이 났다.

"민 과장님 가시면 이제 저는 누구하고 판촉이며 뭐며 상의해야 하나요? 다른 분들은 뭔가 협의라도 하려고 찾아가면 죄다 안 된다는 말씀부터 해요."

민 과장이 사람 좋은 웃음을 띠며 말했다.

"홍 대리, 아마 그건 아닐 거야. 마케팅팀 사람들도 다 해 주고 싶은 맘이지. 하지만 쌓인 일이 너무 많고 예산도 부족하고, 사실 본사를 상대할 때는 우리도 영업사원과 다를 바 없거든. 우리가 '한국시장에 지원해 달라, 경쟁력 있는 가격에 달라.'고 하면 본사에서도 이 핑계 저 핑계 대면서 안 된다고만 해. 그럴 때 본사를 끈질기게 설득하고 한국시장의 중요성과 치열한 경쟁 상황을 이해시켜서 지원을 받아내는 거지. 그럴 땐 우리도 영업과 똑같은 입장이야. 물론 마케팅에서도 영업팀이 지원해달라고 할 때, 그렇게 해 주면 판매가 늘어날 것도 잘 알고 있어.

하지만 그쪽만 해 주면 다른 데는 어떻게 되겠나? 채널 간의 질서가 있는 건데 한 군데서만 좋은 조건, 좋은 가격에 팔면 그곳 매출은 오를지 몰라도 다른 곳은 떨어지게 되어 있거든. 우리도 채널 간의 충돌도 생각해야지, 전체 매출 대비 제품 이익률도 살펴야지, 그러다 보면 해 주고 싶은 마음이 굴뚝같아도 해 줄 수 없는 경우가 많아."

술에 적당히 취해서인지, 마지막이라는 마음 때문인지 민 과장은 평소보다 말이 많았다.

"다른 데서는 '마케팅을 제대로 못해서 매출이 안 오른다.' '다른 경쟁사는 이렇게 마케팅을 잘하던데 우리는 못한다.'고 말들은 쉽게 해. 되지도 않을 아이디어나 내고 말야. 하지만 그것을 현실화시키는 것은 전적으로 마케팅 책임이기 때문에 우리도 선뜻 '다 해준다, 다 된다.'라는 말을 못하는 거야. 홍 대리가 조금만 더 이해를 해 주면 좋겠어."

처음이었다. 영업이 힘들 때마다 마케팅을 원망했던 홍 대리가 '마케팅팀 입장에서는 충분히 그럴 수도 있겠다.'라는 공감을 한 것은.

민 과장이 조용히 듣고 있는 홍 대리에게 불쑥 술잔을 내밀었다.

"참, 그러지 말고 홍 대리도 이번에 마케팅을 한번 해보면 어때? 영업도 이제 할 만큼 했으니 그 경험을 살려서 마케팅에 도전해보는 것도 괜찮을 것 같은데?"

마케팅이 뭐길래

민 과장은 떠났다.

홍 대리가 마케팅팀 사내공모에 지원했다는 사실을 아는 사람은 아무도 없었다. 사내공모 공지에도, '사내공모 지원 사실에 대해서는 현업 부서에 비밀을 보장하며, 최종합격자의 부서 이동에 관한 문제는 인사 본부장이 해당 본부장과 직접 협의한다.'고 되어 있었다.

하지만 홍 대리의 마음은 편치 않았다. 사내공모 지원 이후, 홍 대리는 구 팀장과 김독불 본부장을 마주칠 때마다 웬지 모르게 미안하고 의리를 저버린 것 같은 죄책감이 들었다.

하지만 공모 결과가 어떻게 될지도 모르는 상황에서 섣불리 마케팅팀에 지원한 사실을 밝혔다가는 오해를 살 수 있기 때문에 홍 대리는 최종결과가 나오기 전까지 입을 다물기로 했다. 게다가 평소에 성격이 불 같은 김독불 본부장이 이 사실을 알기라도 하면 당장 불호령이 떨어질 것이 뻔했다. 그는 누구보다 부서의 화합과 충성심을 중요하게 생각하는 사람이었다.

'띵동'

새로운 메일이 도착했다는 소리가 울렸다. 홍 대리는 서둘러 메일함을 열었다. 역시 기다리던 사내공모에 대한 메일이었다.

'사내공모 인터뷰 일정 안내'

인터뷰는 일주일 뒤로 잡혔다. 홍 대리는 주변을 둘러보았다. 누군가는 분명히 지원을 했을 텐데, 사내공모에 대해 먼저 말을 꺼내는 사람이 없었다. 그만큼 부서 이동은 예민하고 조심스러운 부분이기도 했다. 인터뷰 장소에서 누구를 만나게 될지 몰라 내심 불안했다.

'어차피 떨어질 건데 괜한 짓을 한 건 아닐까?'

홍 대리는 머릿속이 복잡했다. 하지만 기왕 마케팅을 한번 제대로 해 보자고 마음을 먹었으니 다른 생각은 하지 말자며 스스로 마음을 다잡았다. 보고할 서류를 작성하고, 거래처에 전화를 걸면서도 인터뷰에 관한 생각이 좀처럼 떠나지 않았다.

“홍 대리, 점심 먹으러 안 가?”

“아, 네 팀장님. 전 선약이 있어서 다음에 하겠습니다. 다녀오세요.”

홍 대리는 점심시간을 이용해 서점에 갈 계획을 세워뒀다. 인터뷰에 앞서 마케팅 업무에 대한 기본 지식을 알아두고 싶었기 때문이다. 다행히 회사에서 가까운 곳에 서점이 있었다. 평소에도 퇴근하면 가끔 들르곤 했는데 오늘은 점심시간이라 그런지 평소보다 더 한산해 보였다.

홍 대리는 마케팅 도서가 꽂혀 있는 서가를 찾아 책들을 살펴봤다. 한눈에 봐도 엄청난 양의 책들이 눈에 띄었다. 하지만 홍 대리의 눈에는 모두 비슷비슷해 보여 무엇을 읽어야 할지 난감했다.

‘휴…… 도대체 이 많은 책들 중에 뭘 읽어야 되는 거야? 전문 마케터들 인터뷰도 아니니 너무 어렵고 전문적인 내용은 아닐 테고, 마케팅 실무를 이해할 수 있는 재미있고 쉬운 책은 어디 없나?’

한참을 서성이던 홍 대리는 시간에 쫓겨 베스트셀러 매대에 있는 몇 권의 책을 들고 서점을 나왔다. 점심은 사무실에 들어가며 가볍게 샌드위치로 때웠다.

집에 돌아와 낮에 산 마케팅 책을 뒤적이던 홍 대리는 페이지를 넘길 때마다 나타나는 어려운 용어들 때문에 짜증이 났다. 평소 마케팅에 관심이 많아 혼자 몇 번 강의를 찾아 들었을 때도 비슷한 느낌이었다. 현장에서 진짜 필요한 실질적인 얘기가 아니라 대학교 전공서에서 금방 튀어나온 듯한 온갖 도표와 뜻 모를 용어들만 뻰지르르했다. 책을 덮고 잠을 청하려는데 문득 대기업 마케팅팀에 근무하는 친구 상훈이가 떠올랐다. 이불을 박차고 나와 컴퓨터를 켜고 상훈이를 불러들였다.

유상훈님과 대화 Online

'홍진수'님의 말

잘 지내냐, 친구!

'유상훈'님의 말

어이! 우리 홍 선생께서 웬일이신가?

'홍진수'님의 말

넌 더 심했잖아. 연애한다고 바쁜 척은 혼자 다하고!
참, 너 내년이면 아빠 된다며? 완전 축하한다!!! *^^*
제수씨한테도 축하한다고 꼭 전해줘!

'유상훈'님의 말

너도 장가가면 가장의 책임감과 고통을 알게 될 것이야~
그나저나 어쩐 일이냐?
여친 생겼냐?
예쁘냐?

오랜만에 친구와 안부를 물은 홍 대리는 조심스럽게 자신이 마케팅팀에 지원한 이야기를 꺼냈다.

유상훈님과 대화

'홍진수'님의 말

그래서 말인데, 네가 대기업 마케팅팀에서 오래 근무했으니까
기업에서 마케팅은 어떤 일을 하는지, 기본적으로 뭘 알아야 되는지
설명을 좀 해줘. 술 한잔 살게.

'유상훈'님의 말

술 말고 밥 사는 걸로 해라.
우리 마눌님, 나 요즘 완전 술 끊은 걸로 알고 있다. ㅋㅋ
근데, 마케팅이 하는 일과 마케팅의 기본이라…

'홍진수'님의 말

ㅇㅇ. 이론적인 것 말고 실무에서 적용할 수 있는 기본적인 거…
뭐 없냐?

'유상훈'님의 말

사실 여기에 마케팅 박사학위까지 가진 사람도 있긴 하지만 마케팅 전공자들은 의외로 그렇게 많지 않아.
마케팅의 기본이 별 거 있겠냐? 그냥 위에서 시키는 일 하는 건 어느 회사나 어느 부서나 똑같은 거지…

'홍진수'님의 말

음…

'유상훈'님의 말

그래도, 마케팅 업무를 할 때 알아야 할 정말 기본적인 건 4P 믹스(Mix)지. 사실, 이것만 알면 마케팅 기본은 끝나.

'홍진수'님의 말

4P라면 Product, Price, Place, Promotion을 말하는 거지? ^^
그 정도는 나도 알고 있다규! ㅋ

'유상훈'님의 말

그래, 잘 알고 있네.
그 네 가지를 적절히 활용하여 마케팅 하는 것을 '4P Mix'라고 해.
대부분 마케팅 전략이라고 하면 그 틀에서 끝나는 경우가 많아.
제품은 어떻게 하고 가격은 어떻게 책정되고 어떤 유통을 통해서 판매할 거고 어떤 판촉을 할 것인지…
그게 기본이지.

'홍진수'님의 말

그렇구나… ^^

'유상훈'님의 말

그리고, 솔직히, 대기업 마케팅팀에 근무하다 보면 규모가 크고 중요한 마케팅 캠페인이나 광고 같은 것들은 광고 대행사에서 기획부터 실행, 결과 보고까지 다 해.
물론, 가이드는 우리가 하지만 대신 그들은 돈을 많이 받잖아. 우리보다 연봉 따블… ㅎ

'홍진수'님의 말

너보다 따블이면 헉…

'유상훈'님의 말

아냐, 나 그렇게 많이 안 받아. 여기도 성과가 좋은 사업부 사람들이나 인센티브를 많이 받는 거지 연봉자체는 별로 높지 않아… ㅠㅜ
하여튼, 진짜 마케팅전문가는 광고대행사에 많지. 크리에이티브(Creative)가 중요하다고 하는데, 나는 그 부분은 어려워서 잘 모르겠어. 암튼, 네가 생각하는 진짜(?) 마케팅 같은 거, 시장조사하고 소비자 분석하고 트렌드 조사하고 상품기획하고 판촉기획하고 광고 만들고 효과 분석하고 이런 차원의 일은 광고 회사에서 많이 하지…

'홍진수'님의 말

그렇구나…

'유상훈'님의 말

특히 대기업일수록 마케팅 영역도 세분화되어 있어서 마케팅 관련 부서가 엄청 많아.
큰 그림의 마케팅 전략은 전략마케팅팀에서 잡고, 제품별 마케팅 전략과 실행은 각 제품을 담당하는 마케팅팀에서 하고, 또 광고는 마컴팀(마케팅커뮤니케이션이라고 하지. 너도 알지?)에서 하고, 고객 관리와 캠페인은 CRM팀에서 하고, 또 제품을 개발하고 생산하는 각 사업부마다 제품별 마케팅팀이 있어서 전 세계를 지역별로 나누어서 그 지역의 마케팅영업을 책임지지. 또… 전 세계 마케팅을 총괄하는 글로벌마케팅실도 있고 시장조사, 소비자조사 같은 각종 조사를 책임지는 리서치센터도 있고……
나도 다 모를 정도야.
그중에 나는 휴대폰 사업부 소속의 마케팅팀에서 북미 담당으로 일하는 거지.

'홍진수'님의 말

마케팅 관련 부서와 업무도 정말 다양하구나~ ㅠㅠ;
우리 회사는 마케팅팀에 제품담당 PM들이 다 알아서 하는데……

'유상훈'님의 말

네가 다니는 파인애플코리아 말고 파인애플 본사에도 네가 상상하는 그 이상으로 많은 마케팅 관련 조직들이 있을걸?
아, 이렇게 이해하면 되겠다!
파인애플코리아 PM이 파인애플 본사에서 한국지역을 맡고 있는 마케팅 담당자하고 이야기해서 한국에 물량 가져오고 가격도 세팅하고 마케팅도 하고 그럴 거잖아?
나는 그 본사의 마케팅 담당자 역할을 하는 거지.
만약에 너 마케팅 쪽으로 가서 몇 년만 빡세게 고생하다 보면 어느새 진짜 마케팅 전문가가 되어 있을 거야. 조직이 작으니 혼자서 많은 일을 해야 해서 고생은 좀 하겠지만, 그래도 다양한 영역을 경험해 볼 수 있잖아.
사실 나도 진짜 마케팅 전략을 세우는 일을 하고 싶은데, 맨날 쪼이다 보니 당장 잘 팔리는 제품 물량 확보해서 공급하기만도 벅차다.
뭐, 영업이든 마케팅이든 네가 열심히 하면 안 되는 게 어디 있겠냐?
근데, 술은 언제 살 거냐?
여친 데려올 거냐?
예쁘냐?

상훈이의 얘기를 듣고 나니 비로소 이해가 되는 것이 많았다. 민 과장이 자신도 본사와 이야기할 때는 한국지역을 담당하는 영업사원이나 똑같다고 한 말의 뜻도 이제야 이해할 수 있을 것 같았다. 그리고 마케팅이 그렇게 만만한 일도, 그렇다고 그렇게 어마어마한 일도 아니라는 생각이 동시에 들었다.

대기업 마케팅팀에서 오래 근무한 친구는 뭔가 특별한 일을 할 거라고 기대한 탓인지 조금 실망한 부분도 있었다. 하지만 수확이 훨씬 컸다. 어찌보면 지금 자신이 하고 있는 일과 크게 다르지 않고 열심히만 하면 충분히 잘 해낼 수 있을 것 같다는 확신 같은 것이 더 강해졌다고나 할까.

기업의 마케팅 관련 부서들

전략마케팅팀 : 주로 제품군보다 상위 개념인 사업(Business) 관점의 마케팅 전략을 수립하는 부서로, 사업기획 부서와 비슷한 기능을 수행하는 경우도 많다. '마케팅 기획' 부서로 운영되는 경우도 있다.

제품별 마케팅팀 : 제품을 직접 개발하거나 생산하지 않는 판매법인에서는 주로 제품군별로 나누어 마케팅 활동을 전개한다. 각 제품의 마케팅을 책임지는 부서로 해당 제품에 관한 한 마케팅 활동의 A부터 Z까지 오너십을 가진다. PM(Product Manager)이 속한 마케팅 부서이다.

마케팅커뮤니케이션팀 : 주로 광고나 판촉을 전담하는 부서로 흔히 '마컴'이라고 줄여서 표현한다. '광고판촉팀'이라는 표현을 그대로 쓰기도 한다.

온라인커뮤니케이션팀 : 온라인을 이용한 마케팅 활동을 전담하는 부서를 별도로 운영하기도 한다. '온라인 마케팅'이나 '디지털 마케팅'이라고 표현하기도 한다.

IMC(Integrated Marketing Communication, 통합마케팅커뮤니케이션)팀 : 광고, 판촉, PR 등 마케팅커뮤니케이션 수단에 대한 전략을 총괄적으로 실시하는 부서를 두어 마케팅커뮤니케이션을 통합적으로 실행하기도 한다.

CRM팀 : 고객 데이터를 수집하고 분석하여 판촉캠페인을 기획하고 그에 따른 결과를 분석한다.

글로벌마케팅실 : 주로 전 세계 시장을 상대로 하는 글로벌 대기업에 존재하는 부서로 글로벌 시장에 대한 통합적인 마케팅 전략을 세우고 각 지역에 마케팅 방향 및 지침을 내려주기도 한다.

지역별 마케팅팀 : 제품별 사업부 소속의 마케팅 부서로 전 세계 시장을 지역별로 나누어 해당 지역의 마케팅을 총괄한다. 예를 들어 휴대폰 사업부 북미지역 담당자는 북미지역의 휴대폰 제품에 대한 신제품 출시, 제품 가격, 매출에 대한 총괄적인 관리를 한다. 지역별 마케팅 담당인 AM(Area Manager)이 속해 있는 부서이다.

리서치센터 : 마케팅 전략 수립에 필요한 시장조사나 소비자조사 등을 전문적으로 하기 위한 부서를 별도로 운영하기도 한다.

그 밖에 : 유통전략 부서에서 유통별 마케팅 전략을, 영업기획 부서에서 매출증대를 위한 판촉 프로그램 기획을 하기도 하며 필요에 따라 다양한 부서가 마케팅 업무를 지원한다.

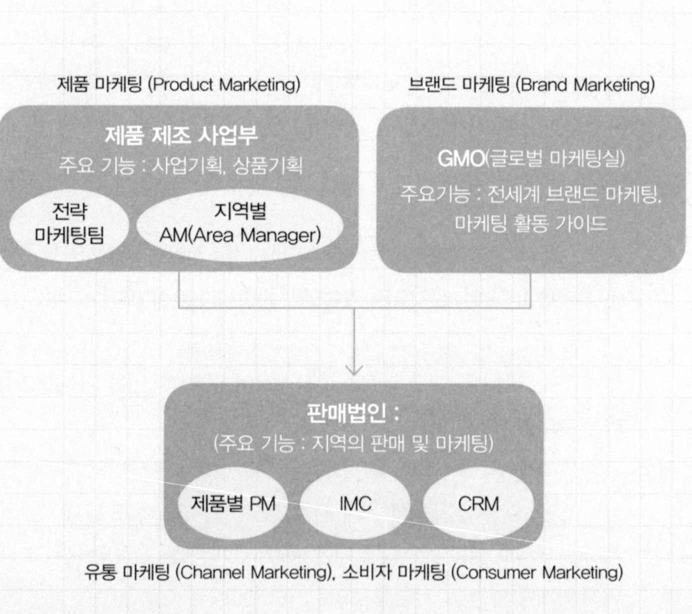

운명의 인터뷰

드디어 인터뷰가 있는 날, 아무 일도 없다는 듯 평소처럼 일하고 있던 홍 대리는 인터뷰 시간이 다가올수록 구 팀장과 본부장이 신경이 쓰여 자꾸만 그들 자리로 눈길이 돌아갔다. 구 팀장은 대리점 사장과 계속 통화 중이었고 본부장은 외근 중인지 자리를 비우고 없었다.

'휴…….'

심호흡을 하고 시간에 맞춰 인터뷰 장소인 대회의실로 갔다. 그곳에는 정장을 말끔히 차려입은 인사팀 담당자가 대기하고 있었다.

"홍 대리님, 3분 후 입장하실 거고요. 다른 지원자 한 분과 함께 인터뷰를 하실 예정입니다."

그러고 보니 관리 부서의 노희숙 대리가 멀찍이서 서성대고 있었다. 평소 깐깐하고 똑부러지기로 유명한 노희숙 대리와 인터뷰를 한다니 더 긴장이 됐다.

노희숙 대리를 회사에서 무서워하지 않는 사람은 별로 없었다. 비록 직급은 낮지만 그녀를 통하지 않으면 그 어떤 좋은 전략도 물거품 되기 십상이라고 했다. 들리는 소문에 의하면 그녀가 결재를 받으러 오는 사람을 한 번에 통과시켜 주는 일은 절대 없다고 했다. 어찌나 성격이 까칠한지 서류도 서너 번씩 확인하고 아주 사소한 사안도 여러 번 수정을 요청하는 탓에 타 부서 직원들과도 여러 번 마찰을 빚곤 했다.

몇 달 전 영업팀의 박 대리와 큰 소리를 내며 싸운 일은 사내에서 유명한 일화가 됐다. 홍 대리도 그때 박 대리에게 직접 생생하게 전해 들었기 때문에 잘 알고 있었다.

필요한 품의서를 작성해 노희숙 대리에게 갔던 박 대리는 무려 네 번이나 퇴짜를 맞고 돌아왔었다. 그때마다 용어가 잘못됐다, 결재란이 작다, 뭐가 빠졌다 등 이유도 가지각색이었다. 씩씩거리며 품의서를 다시 작성하는 것까지는 괜찮았지만 그때마다 재결재를 받아야 하니 팀장도 짜증이 났는지 나중에는 아주 큰소리로 면박을 주었다.

"자네, 초등학생이야? 일을 어떻게 처리하길래 품의서 하나를 한 번에 못 써?"

품의서 한 장에 초등학생 취급까지 받은 박 대리가 화가 머리 끝까지 난 상태에서 노희숙 대리를 찾아갔을 때, 마침 그녀는 자리를 비우고 없었다. 품의시한을 놓칠 새라 전전긍긍하던 박 대리는 아예 그녀의 자리에 가서 기다리기 시작했고 마침내 그녀가 나타났을 때 품의서를 내밀었다. 하지만 노희숙 대리는 태연하게 "예산이 반영되지 않아서 합의해 줄 수가 없어요."라며 거절했다. 순간 참을 만큼 참았던 박 대리가 폭발하면서 서로 고성이 오가는 싸움판이 벌어지고 말았던 것이다. 그 사건 이후 박 대리는 '노'자만 들어도 노이로제에 걸릴 것 같다면서 고개를 저었다.

"자, 이제 두 분 입장하시겠습니다."

인사 담당자의 안내에 따라 홍 대리는 심호흡을 하고 면접실로 들어섰다. 면접관을 향해 인사를 하던 홍 대리는 너무 놀라 까무러칠 뻔했다. 면접관 자리에 영업팀의 김독불 본부장이 떡하니 앉아 있는 게 아닌가.

면접관은 모두 네 명이었다. 마케팅 본부장인 나 이사와 마케팅 팀장인 고 부장, 그리고 영업팀 본부장인 김독불 이사, 마지막으로 인사팀 본부장이었다.

김독불 본부장을 본 순간 다리에 힘이 풀릴 뻔했으나 홍 대리는 기왕 이렇게 된 거 마지막까지 한번 제대로 해보자는 심정으로 씩씩하게 걸어 자리에 앉았다.

먼저, 인사 본부장이 말을 꺼냈다.

"각자 자기소개를 해보세요."

막상 면접이 시작되자 홍 대리는 바짝 긴장이 돼서 자기소개를 어떻게 했는지도 모를 정도로 긴장이 가라앉지 않았다. 그나마 다행인 것은 김독불 본부장의 표정이 생각보다 온화하다는 점이었다. 홍 대리에게 화가 나기는커녕 오히려 다른 면접관보다 더 호의적인 느낌까지 풍기고 있었다.

다음으로 마케팅 팀장인 고 부장이 질문을 했다.

"두 분 순서대로 마케팅팀으로 부서 이동을 지원하게 된 동기에 대해서 말씀해 주세요."

먼저 노희숙 대리가 대답했다.

"네, 저는 관리 부서에서 5년간 일했습니다. 하지만 관리 부서 일이 저와는 너무 맞지 않아 다른 회사를 알아보던 중 사내 공모를 접하고 지원하게 되었습니다."

인사 본부장이 질문을 이어갔다.

"어떤 점 때문에 자신이 관리 부서와 잘 맞지 않는다고 생각하세요?"

"관리 부서 일은 숫자와 사람을 다루는 일이기 때문에 스트레스가 너무 많고 매일 야근에, 걸핏하면 사람들이 몰려와서 따지는 경우도 허다합니다. 그에 비하여 마케팅 부서는 숫자와 사람보다는 감성적인 부분과 제품에 관한 것을 다루는 일이기 때문에 저와 잘 맞을 것 같아서 지원하게 되었습니다."

노희숙 대리의 대답이 마음에 들었는지 고장수 부장이 다른 면접관이 들으라는 듯 중얼거렸다.

"이력서를 보니 학교도 명문대를 나오셨고, 토익 점수를 보니 영어도 아주 잘하고, 관리 부서에서 오래 일했으니 마케팅 부서에 오면 관리와 지원업무에 도움이 될 부분이 많겠네."

고 부장은 이내 홍 대리를 향해 특유의 불쾌한 표정을 짓더니 질문을 던졌다.

"홍 대리도 영업 부서가 마음에 안 들어서 지원을 했나? 요즘 영업팀 분위기가 영…… 장난 아니라면서?"

고 부장의 눈은 홍 대리를 향하고 있었지만 그 질문은 분명 영업 본부장을 향하고 있었다. 비꼬는 말투가 거슬렸는지 김독불 이사의 표정이 살짝 일그러졌다.

"아닙니다. 저는 판매회사인 우리 회사의 가장 중요한 역할이자 최종 목적은 영업이 되어야 한다고 생각합니다. 아무리 뛰어난 마케팅 전략을 만들고 새로운 마케팅 활동을 한다고 해도 최종적으로 영업으로 연결되지 않으면 의미가 없다고 생각합니다. 그래서 저는 영업에서의 경험을 바탕으로 영업 활동과 연계되는 마케팅을 해 보고 싶어서 지원하게 되었습니다."

고 부장이 입을 삐죽거리며 다른 사람들 들으라는 듯 혼잣말로 중얼거렸다.

"그렇게 좋으면 영업팀에서 영업이나 제대로 하고 있지 뭐하러 마케팅팀으로 오려고 하지?"

그때, 그동안 조용히 듣고만 있던 마케팅 본부장이 입을 열었다.

"마지막 질문 하겠습니다. 마케팅이 뭐라고 생각하세요?"

이번에도 역시 노희숙이 먼저 대답했다.

"마케팅은 시장과 고객을 이해하고 그것을 바탕으로 고객을 만족시키는 전략을 세우는 것이라고 생각합니다."

역시 노희숙 대리다웠다. 그 사이 언제 마케팅을 공부했는지, 조금도 망설이지 않고 자신의 생각을 또박또박 말하는 폼새가 다부지게 느껴졌다.

홍 대리는 인터뷰 준비를 하면서도 정작 마케팅이 무엇인지 깊이 고민해보지 않았다는 사실에 내심 당황했다.

"저는 솔직히 아직 마케팅이 무엇인지 잘 모르겠습니다. 하지만, 제가 곁에서 지켜본 마케팅 PM들은 자신이 맡은 제품의 '부모' 같다는 생각이 들었습니다. 한국시장에 좋은 제품이 출시되도록 노력하고 이 땅에서 잘 자라도록 키우고 관리하면서 그 제품을 책임지는 사람이니까요."

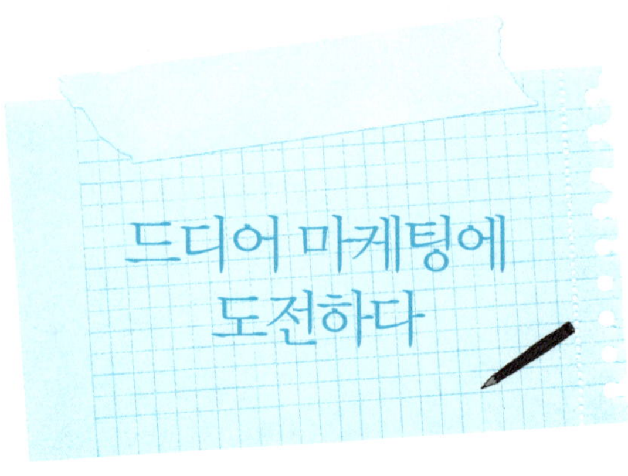

'아, 진짜 괜히 지원했어…….'

생각하면 할수록 후회막급이었다.

그곳에서 영업 본부장을 만난 것도 기가 막힐 노릇이고, 명색이 영업을 하는 사람이 관리부 직원보다 못한 대답을 했으니 결과는 안 봐도 비디오였다.

게다가 공모에서 떨어지면 계속 영업팀에서 일해야 할 텐데, 일하던 팀을 버리고 마케팅팀에 지원했다는 사실이 알려지면 동료나 상사들이 어떻게 생각할지 걱정도 됐다.

'아니, 마케팅팀에 지원하면서 영업이 제일 중요하다는 말은 왜 하고, 마케팅이 뭔지도 모르겠다고 했으니 나라도 안 뽑

겠다. 아, 정말 괜히 지원했어…….'

잊으려고, 잊으려고 머리를 아무리 세차게 흔들어 봐도 그날의 장면이 더욱 생생하게 떠올라 쥐구멍에라도 숨고 싶은 심정이었다.

"홍 대리, 나 좀 보지."

언제 왔는지 영업 본부장이 지나가며 홍 대리를 불렀다.

'아, 드디어 올 것이 왔구나.'

홍 대리는 주눅이 잔뜩 들어 본부장이 들어간 회의실로 따라 들어갔다.

"그래, 마케팅 업무는 언제부터 하고 싶다고 생각했나?"

엇?

불호령이 떨어질 것을 각오한 홍 대리는 생각지도 못한 부드러운 목소리에 소스라치게 놀랐다. 놀란 가슴을 진정시키며 대답했다.

"본부장님도 아시겠지만, 사실 평소에 영업하면서 마케팅에 대해서 원망이 많았습니다. 그럴 때마다 혼자 마케팅 책을 읽어 보기도 했고요. 잘은 모르지만 재미있을 것 같다는 생각을 했었습니다. 그런데 마침 이번에 민 과장님이 본사로 가시면서, 저에게 직접 경험을 해보면 좋을 거라고 추천을 해 주셔서 용기를 내게 되었습니다."

"그래……."

김독불 본부장은 잠시 생각에 잠기는 표정이었다.

"홍 대리가 영업을 한 지 얼마나 되었지?"

"우리 회사에 입사한 지는 2년쯤 됐고, 그 전에 중소기업에서 기술영업일을 3년 정도 했습니다."

"음……. 어쨌건 마케팅에 가서도 영업을 중요하게 생각하는 그 마음 잊지 말고 몇 년 경험 잘하고 다시 영업으로 돌아오게. 그래서 진정한 마케팅을 영업에서 완성해 보게나!"

"네?"

"하하, 뭘 그리 놀라나? 내가 화라도 낼 줄 알았던 거야? 비하인드 스토리지만, 인터뷰가 끝나고 마케팅 본부장인 나 이사가 내게 찾아와서 영업팀의 인재를 데려가게 되어 죄송하다고 하더군. 하지만 홍 대리 같은 마인드를 가진 친구가 마케팅팀으로 오면 지금까지와는 다른 색깔로 긍정적인 역할을 하게 될 거라면서 꼭 보내주십사 하고 간곡하게 부탁을 했다네."

홍 대리는 어리둥절하여 자기도 모르게 중얼거렸다.

"아, 저는 인터뷰를 너무 못 봐서 노희숙 대리가 될 걸로 생각했는데……."

잠시 호흡을 가다듬은 본부장이 강한 어조로 말했다.

"홍 대리도 마케팅에 대한 잘못된 기대를 가지고 있을까 봐 말해 주는데, 마케팅이야말로 숫자와 사람을 다루는 일이고 관리해야 할 것이 한두 가지가 아닌 아주 복잡한 부서야. 관리 업무와 사람이 싫어서 마케팅 부서로 간다면 마케팅에서 한 달도 견디지 못할 걸세."

홍 대리는 냉정하면서도 자상한 말투로 설명을 해 주는 김독불 이사가 자기가 알고 있던 그 본부장이 맞나 싶어 몇 번이고 얼굴을 쳐다봤다. 평소에 그토록 무섭던 사람에게 이런 면모가 있었다니, 역시 사람은 오래 알고 볼 일이란 생각이 들었다.

"홍 대리, 잘할 거야. 힘내서 도전해보라구. 그리고 꼭, 영업부로 돌아와야 하네."

회의실을 나오며 홍 대리는, 어쩌면 영업 환경이 지금처럼 열악하지 않았다면 저런 자상한 본부장의 모습을 자주 볼 수 있지 않았을까 하는 아쉬움이 밀려왔다. 그리고 김독불 본부장을 위해서라도 꼭 영업에 도움이 되는 마케터가 되겠다고 결심했다.

CHAPTER **2**

홍 대리, 마케팅을 시작하다

Monday

9 am
10
11
12 noon
1 pm
2
3
4
5
6

Tuesday

9 am
10
11
12 noon
1 pm
2
3
4
5
6

SALE
SHOPPI
DIGITAL
MARKET

MARKETING

PM이 된다는 것

부서 이동 발령은 생각보다 빠르게 진행됐다. 새로운 달이 시작되기 전에 부서를 이동하라는 지시에 홍 대리는 영업팀과 제대로 인사도 하지 못한 채 낯선 마케팅팀으로 자리를 옮겼다.

홍 대리가 마케팅팀으로 가자, 신이 난 것은 마신애였다. 그녀는 마치 홍 대리가 자기 밑으로 들어온 후배라도 되는 듯 굴었다.

"홍 대리님, 전공이 전자공학이라면서요? 근데 어떻게 마케팅팀으로 오시게 되었어요? 음, 저는 전공도 경영학이고 대기업 마케팅팀에서 인턴사원으로도 근무했던 경험이 있어요. 그리고 이건 좀 제 자랑 같지만 마케팅 공모전에 입상한 경험도 있으니까 마케팅에 관해서는 아무래도 제가 좀 선배네요?"

처음 며칠간은 마신애의 그런 태도에 다소 당황했던 홍 대리는 오히려 잘됐다고 생각했다. 마케팅을 처음 배우는 만큼 아무것도 모르는 왕초보라는 생각으로 바닥부터 제대로 배워볼 참이었다.

업무를 파악하다 보니 새로운 것이 눈에 띄었다. 우선 마케팅팀은 제품군별로 업무가 나뉘는데, 각 제품을 책임지는 메인(main) PM(Product Manager)과 그 밑에서 업무를 지원하는 보조 PM으로 구성되어 있었다.

얼마 전 본사로 간 민 과장이 디지털카메라 메인 PM이었는데 이후 아직까지 공석으로 남아 있었다. 그 동안 보조 PM인 마신애가 마케팅 회의에 참석하는 등 그 업무를 대행해 온 것 같았다. 이제 홍 대리가 민 과장 자리로 왔다는 것은 누구나 알고 있었지만 유독 마신애만은 여전히 자신이 메인 PM 역할을 해야 한다고 생각하는 것 같았다.

홍 대리는 크게 개의치 않았다. 누가 메인이고 누가 보조이든 역할을 나누지 않고 일을 배우겠다는 결심이 이미 확고했기 때문이다.

따르릉 따르릉,

사내 인터폰이 요란하게 울렸다.

"여기 안내데스크인데요, 어떤 분이 찾아오셔서 디지털카메라 책임자를 찾으시는데요? 누가 좀 와보셔야 할 것 같아요."

내용을 전달받은 마신애는 부리나케 자리에서 일어나 안내데스크로 향했다.

"담당자 나오라는 말 안 들려? 아니면 내가 이 회사 사장을 직접 만나야겠어! 당장 사장 불러오라고!"

안내데스크는 무척 소란스러웠다. 단단히 화가 난 듯한 한 중년 남성이 디지털카메라를 손에 들고 고래고래 소리를 지르고 있었다. 옆에 서 있는 안내데스크 직원의 얼굴은 거의 울상이 되어 있었다. 남자는 누가 봐도 호감을 가질 만한 좋은 인상에 세련된 옷차림이었으나, 금방이라도 대판 싸움을 벌일 정도로 말투가 살벌했다.

"내가 파인애플 브랜드를 쓴 게 10년이 넘었어. 그런데 잘못된 제품 팔아놓곤 이제 와서 재고가 없어서 못 바꿔 준다니 이게 말이 돼? 내가 누군지 알아? 당장 담당자, 아니 사장 나오라고 해!"

그 모습을 지켜본 마신애는 직감적으로 뭔가 심상치 않은 일이 벌어졌다는 것을 간파하고, 벌벌 떨면서 홍 대리를 찾아갔다.

"대리님, 저기…… 안내데스크에서 누가 디지털카메라 책임자를 찾으시는데, 아무래도 대리님이 직접 가보시는 게……."

홍 대리는 무슨 일인가 싶어 급하게 나가보았다. 점잖아 보이는 차림새의 고객 한 분이 화를 삭이지 못하고 씩씩거리는 모습이 보였다.

"제가 디지털카메라 담당자입니다만, 무슨 일이십니까?"

홍 대리는 남자의 흥분을 가라앉히기 위해서 최대한 부드러운 말투로 물었다.

"당신이 담당자야? 제품을 이 따위로 만들어 놓고 이제 와서 바꿔주지도 못한다니 말이 돼? 나 출장 가서 업무 망친 건 어떻게 책임질 거야? 대리점 가서 바꿔달라고 하니 이미 판매된 건 자기들에게 책임이 없다고 본사에 문의하라 하고, 본사 고객센터는 전화도 안 되고, 전화를 받아도 여기저기 몇 번을 돌리더니 결국은 대리점에 가서 교환하라고 하고, 대리점은 재고가 없어서 교환 못해준다고 하고! 당신들 지금 장난해? 내가 우스워? 담당자 필요 없고, 사장이랑 직접 얘기하게 해줘!"

얼핏 들어도 화가 날 만한 상황이었다. 홍 대리는 일단 남자에게 깍듯이 사과를 하고 회의실로 모셨다.

"정말 죄송합니다. 괜찮으시다면 저에게 자세한 상황을 설명해 주실 수 있는지요?”

따뜻한 커피 한 잔을 대접하면서 홍 대리는 그 고객에게 일어난 일을 상세히 들을 수 있었다.

그는 고맙게도 파인애플 브랜드 제품 마니아였다. 10년 넘게 이 브랜드만 고집할 만큼 호감도가 높고, 제품이 한국시장에 공식적으로 출시되기도 전에 해외출장 길에 직접 제품을 사와서 사용할 만큼 충성도가 높은 고객이었다. 그는 자주 해외 출장을 가는데, 이번 출장길에서 중요한 사진을 찍을 일이 있어 파인애플사의 최신 디지털카메라를 대리점을 통해 구매했다고 했다. 그러나 막상 출장지에 도착해서 사진을 찍으려고 보니 불량제품이어서 업무에 큰 곤란을 겪었다는 것이다. 하지만 그도 사업을 하는 사람인지라 제아무리 관리를 잘해도 완벽할 수 없다는 것을 알고 있기에 그 정도는 이해를 했다고 한다. 그래서 불량제품은 한국에 귀국하면 반품을 할 계획으로 해외에서 같은 모델로 구입해 사용하려고 했단다. 두 번 기회가 주어지지 않는 중요한 업무를 망칠 수 없었기 때문이었다. 그런데 해외의 파인애플 브랜드 매장에서도 그 모델은 품절 중이라 판매가 되지 않는다는 대답만 들었다고 한다. 무척 당황스러웠지만 달리 방법이 없어 업무를 처리하는 데도 여간 힘든 게 아니었다고 했다.

귀국을 한 후 그는 제품을 구매한 대리점에 가서 불량증상을 이야기한 뒤에 교환을 해달라고 요구했다. 하지만 대리점에서는 이미 판매된 제품의 불량은 대리점이 책임지지 않으니 본사에 연락하라고 말했다. 본사 고객센터에 전화하니, 콜센터에서 서비스 본부로, 서비스 본부에서는 다시 고객센터로 전화만 계속 돌렸고, 어렵게 연결된 고객센터에서는 구매한 대리점에서 교환 또는 환불을 받으라는 말만 되풀이했다는 것이다.

화가 머리 끝까지 났지만 꾹 참고 다시 대리점을 찾아가니 자기들은 바꿔주고 싶어도 재고가 없어서 못 바꿔준다며 차라리 환불을 해 주겠다고 했단다. 그렇지만 이 고객은 오래전부터 이 제품이 출시되기를 기다렸다가 나오자마자 구매한 터라 환불 대신 교환을 원하고 있었다.

"꼭 교환을 하고 싶다니까 대리점 주인이 글쎄 뭐라는 줄 아슈? 방법이 없는데 어쩌라는 말이냐고 대뜸 내게 화를 내면서 이도 저도 싫으면 다른 손님 받는 데 방해가 된다며 나가라잖소. 자기네들은 더 이상 해 줄 수 있는 게 없다고. 나원 참 기가 막혀서, 정말 이래도 되는 거요?"

전후 사정을 모두 들은 홍 대리는 이렇게 된 것이 무척 미안하면서도 마음 한편으로는 고맙기도 했다. 파인애플 브랜드와 제품을 이렇게 사랑해 주는 고객인데, 잘못된 대처로 불편을 끼쳐드린 것이 너무 죄송했고 10년이 넘게 파인애플 제품만 고집하는 점이 진심으로 고마웠다.

상황을 파악한 홍 대리가 갑자기 자리에서 일어나 남자를 향해 정중하게 인사를 했다.

"아니, 왜 이러세요?"

"고객님이 너무 고마워서요. 일이 이렇게 된 점 진심으로 사과드리고 또 이렇게 된 상황을 자세히 설명드려도 되겠습니까?"

"그, 그러시던가……."

"현재 이 제품은 전 세계에서 동시에 발매된 인기 제품입니다. 그래서 저희도 정해진 물량만을 본사에서 할당받았습니다. 고객님처럼 좋아하시는 분들이 많고 워낙 인기가 높다 보니 세계적으로 재고 부족인 상태라서 교환을 해 드릴 재고도 확보해 놓지 못한 곳이 대부분입니다. 그래서 판매 대리점에서도 환불을 권유해 드린 것 같아요. 또 전화를 하셨을 때 콜센터와 서비스센터를 여러 번 연결시켜드린 것은 제품에 생긴 불량이 제품 자체의 문제인지, 고객님이 사용하시다가 실수로 고장이 난 건지 등을 정확하게 판단하기 위해서였던 점도 양해를 부탁드립니다. 하지만 그렇다 해도 여러 번에 걸쳐 불편하게 해 드린 점은 분명 잘못된 것이니 이 점도 제가 대신해서 사과드립니다."

남자는 잠시 누그러지는 듯했으나 이번만큼은 제대로 따지겠다고 작심을 한 모양인지 다시 목소리를 높여 물었다. 하지만 더 이상 반말에, 막말은 하지 않았다.

"사과하면 다입니까? 제가 해외 출장에 가서 찍어야 할 사진을 못 찍어서 생긴 피해는 어떻게 책임을 지실 건가요? 카메라 때문에 여기저기 전화하고 돌아다니고, 화가 나서 생긴 문제들까지 합치면 제가 얼마나 극심한 정신적 피해를 입은 줄 아세요? 또 재고가 확보될 때까지 사용하지 못하는 것은 어떻게 보상할 겁니까?"

홍 대리는 영업팀에서 배운 능력을 발휘해보기로 했다.

"고객님, 파인애플을 믿고 좋아했던 만큼 배신감도 정말 크셨겠어요. 제가 그 상황이었더라도 너무 화가 났을 것 같습니다. 이 부분은 명백히 저희 실수이기 때문에 몇 번을 사과드려도 부족합니다. 다시는 이런 일이 생기지 않도록 하겠다고 약속을 드립니다. 중요한 업무에 차질이 생기게 만든 점도 다시 한번 사과드립니다."

정중한 홍 대리의 태도에 남자의 태도와 말투는 조금씩 변하고 있었다.

"지난 일이야 그렇다 치고, 카메라는 정말 못 받는 건가요?"

"아, 일단 본사에 재고가 없는 것 같습니다. 하지만 지금 제가 전국 대리점을 다 뒤져서라도 물건이 있는지 찾아보겠습니다. 만약 그래도 재고를 구하지 못한다면 교환하실 때까지 지금 가지고 계신 제품보다 상위 모델의 다른 제품을 사용하실 수 있도록 대여해 드리겠습니다."

홍 대리는 고객에게 잠깐만 기다려달라고 부탁한 뒤, 회의실을 나왔다. 그리고 자신이 담당했던 곳 중에서 전국에서 가장 큰 대리점의 영업 부장에게 전화를 걸었다.

"부장님, 잘 지내시죠? 네~ 저야 뭐 열심히 마케팅 배우고 있습니다. 그렇잖아도 매장에 한번 나갈 때가 됐는데, 조만간 찾아뵙겠습니다. 그런데 부장님, 혹시 디카 XYZ500 모델 재고 가진 거 있으세요? 대리점 본사에서 가지고 있는 게 없으면 지점 중에 혹시 갖고 있는 곳이 있는지 급하게 확인 좀 부탁드려요!"

곧이어 한 대리점 지점에 고객의 단순변심으로 반품한 재고가 한 개 있다는 연락이 왔다. 그것 말고는 현재 대기하고 있는 고객만도 수십 명이라 따로 재고를 구하기는 힘들다는 답변이었다.

홍 대리는 다시 회의실로 돌아왔다.

"고객님, 현재 이 제품은 재고를 구하기가 너무 어렵네요. 하지만 대리점에 알아보니, 한 대리점에 단순변심으로 반품한 재고가 딱 하나 있다고 합니다. 사용은 하지 않고 포장만 뜯은 상태라 괜찮으시다면 저희가 본사로 환입 받아 제품에 이상이 없는지 확인 후 교환해 드리면 3일 안에 교환 가능하고요. 만약에 재고가 해외에서 들어올 때까지 기다리시겠다고 하면 우선 다른 디카 모델을 대여해 드리고, 다음 물량이 입고 되면 제일 먼저 교환해 드리도록 하겠습니다."

한결 편안해진 표정의 남자는 마음이 누그러졌는지 그 자리에서 반품된 재고로 교환하겠다는 뜻을 밝혔다.

홍 대리는 잽싸게 지난 프로모션에서 쓰고 남은 사은품 몇 개를 가져와 고객에게 챙겨드렸다. 남자는 처음엔 사양하다가 결국 사은품 중에 가장 값이 싼 머그컵을 달라고 했다.

"고객님, 머그컵보다는 이 물건이 더 비싸고 좋은 건데……."

"알아요. 하지만 브랜드 로고가 찍혀진 컵이 더 갖고 싶어요. 평소 제가 얼마나 파앤애플을 좋아했는지 이제 알겠죠? 그런데, 기왕이면 제 아내와 함께 쓰게 하나만 더 줄 수 있나요?"

머그컵 두 개를 받아든 남자는 기분 좋게 사무실을 빠져나갔다.

홍 대리는 이 사건으로 고객의 니즈(Needs)에 정확히 대처하는 방식과 시장의 수요에 맞춰 재고를 들여오는 것이 얼마나 중요한 일인지 알게 되었다.

이후 홍 대리는 판매 제품을 할당할 때, 아무리 인기가 많고 재고가 부족한 모델이라도 반드시 2~3대 정도는 비상용으로 확보해 놓아야겠다고 생각했다. 아예 오늘 같은 고객 불만에 대처하거나 비상시 대처할 수 있는 프로세스를 만들면 좋겠다는 생각도 들었다. 제아무리 브랜드 충성도가 높은 고객이라도 마음이 돌아서기는 정말 쉽고, 한번 돌아선 고객의 마음을 되돌리는 일은 너무 어렵다는 것을 깨달았기 때문이다.

그 사건 이후 마신애는 더 이상 자신이 메인 PM인 양 나서지 않았다. 메인이 되려면 그만큼의 책임이 뒤따른다는 사실을 알았기 때문이다.

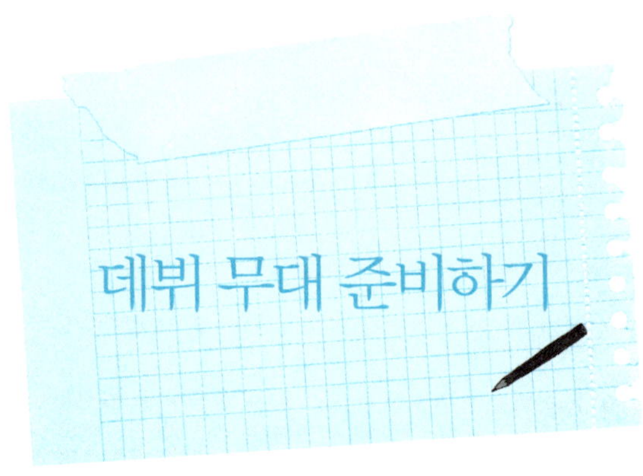

데뷔 무대 준비하기

"홍 대리, 마신애 씨, 잠깐 본부장님한테 가봐."

마케팅 본부장실에서 막 나온 고 부장이 홍 대리와 마신애에게 말했다.

'무슨 일이지? 왜 둘을 함께?'

홍 대리와 마신애는 누가 먼저랄 것도 없이 동시에 눈을 마주치며 본부장실로 향했다.

나란히 들어오는 홍 대리와 마신애를 향해 나 이사가 인사를 건넸다.

"홍 대리, 좀 어때? 마신애 씨는 이제 적응 다 됐나?"

두 사람이 머뭇거리는 사이 나 이사가 말을 이었다.

"홍 대리는 영업팀에서 와서 마케팅 경험이 없고, 마신애 씨는 신입사원이라 업무 경험이 부족하니 서로 불공평하다는 생각은 하지 않아도 될 것 같아."

무슨 뜻인지 모르겠다는 듯 홍 대리와 마신애는 눈을 동그랗게 떴다.

"두 사람이 각자 디지털카메라 마케팅 전략을 세워서 발표한다. 발표일자는 오늘로부터 2주 후. 두 사람 모두 아직 때가 덜 묻었을 테니까 새로운 시각으로 참신한 전략을 짜보도록. 발표 양식은 신경 쓰지 말고 자신의 생각을 간결하고 강력하게 표현하도록 노력해봐. 다른 질문은 생략하고 이상!"

홍 대리는 이번 기회가 일종의 데뷔 무대가 되겠구나 하는 생각이 들었다. 마신애도 드디어 기회가 왔다고 생각했다.

마신애는 대학교 때부터 프레젠테이션이라면 누구보다 자신이 있었다. 파워포인트를 이용한 발표 자료를 만드는 데도 능숙했고 남들 앞에서 말하기라면 누구에게든 뒤지지 않을 자신도 있었다. 이번 기회에 학교에서부터 지금까지 배운 마케팅의 모든 것을 보여주리라 다짐했다. 마신애는 본부장실에서 나온 즉시 발표 준비에 돌입했다.

반면 홍 대리는 자료 준비는 시작도 하지 못한 채 며칠째 고민에 빠져 있었다.

'디지털카메라의 마케팅 전략이라…….'

생각하면 할수록 어렵게만 느껴졌다. 하지만 시간은 많지 않았고 어떻게든 자료도 준비해야 했다.

'그래. 평소에 고객들에게 어떻게 하면 우리 제품의 좋은 점을 알려서 더 팔 수 있을까, 고민했던 생각을 중심으로 준비를 해보자.'

Sin ae
VS
HONG

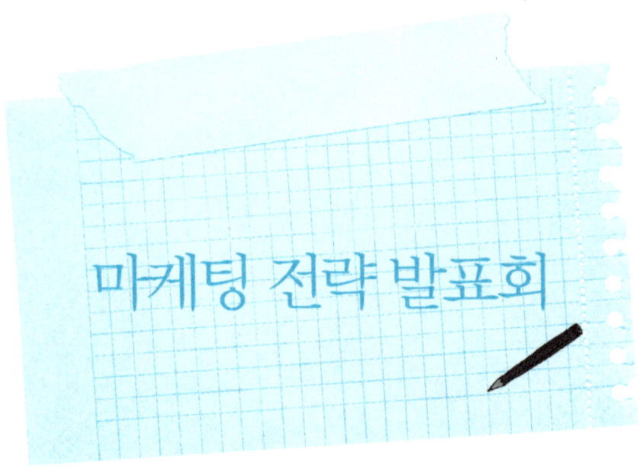

마케팅 전략 발표회

드디어, 발표 날이 다가왔다.

마신애는 그동안 홍 대리가 훔쳐볼까 봐 걱정이 됐는지 컴퓨터에 스크린 보안필름까지 붙이고, 홍 대리와는 거의 말도 하지 않은 채 발표 준비에 집중했다. 그녀는 이미 두 차례 연습 프레젠테이션까지 마친 데다가, 준비한 자료만 해도 무려 35페이지에 달했다.

반면 홍 대리의 발표 자료는 9페이지에 불과했다. 마신애의 자료가 페이지마다 글자와 도표로 가득가득 채워져 있는 것에 비해 홍 대리의 자료는 그림이나 사진이 더 많았다.

본부장을 비롯해 마케팅 부서 전원이 참석한 가운데 먼저 마신애가 발표를 시작했다. 역시나 첫 페이지부터 예사롭지 않았다. 화려하고 세련된 컬러에 멋진 도형과 그림, 그 사이에 빽빽하게 채워진 글자들까지.

마신애가 화면을 클릭하면 음향효과가 나오거나 마케팅 용어가 빙빙 돌기도 하고, 화살표도 줄을 맞춘 듯 방향을 맞춰 움직였다. 참석자들은 마신애의 발표 자료만으로도 감탄을 금치 못했다.

마신애는 마케팅 전략의 기본 구성에 맞게 환경 분석, 소비자 분석, 경쟁사 분석, 마케팅 믹스, STP 전략에 대해 꼼꼼히 설명했다. 파인애플사 디지털카메라의 마케팅 전략뿐 아니라 광범위한 디지털 시장의 환경과 소비자, 경쟁사에 대한 전반적인 설명도 빼놓지 않았다.

"마케팅 믹스에 대하여 4P관점에서 다음과 같이 말씀드리겠습니다. 먼저 Product, 제품 관련해서는 빠르게 변화하고 발전하는 소비자의 니즈에 맞추어 소비자가 원하는 기능을 탑재한 제품이 출시되어야 합니다. 환경 분석과 소비자 분석에서도 나왔듯이 소비자는 많은 제품이 네트워크로 연결되기를 원합니다. 그래서 와이파이로 네트워크에 연결되는 디지털카메라를 개발하는 전략을 세워보았습니다.

두 번째로 Price, 가격에 대한 전략은 현재 우리 제품이 경쟁사 제품 대비 10% 높은 프리미엄 가격을 유지하고 있는데 이를 제거하고 경쟁사와 비슷한 수준으로 맞추어 가격경쟁력을 올리는 것입니다.

다음은 Promotion입니다. 소비자들이 디지털카메라를 살 때, 기본 액세서리인 가방과 저장매체를 같이 구매하는 경우가 많기 때문에 전용가방과 저장매체를 번들로 끼워 판매하는 프로모션을 실시하겠습니다.

4P의 마지막 Place, 유통으로는 현재 인터넷 쇼핑몰 시장이 급격하게 커지고 있으므로 인터넷 유통을 강화하겠습니다."

마신애는 잠깐 말을 멈추고 주변을 둘러보는 여유까지 보였다.

"다음은 바로 마케팅의 핵심인 STP 전략입니다. 다 아시는 것처럼 STP 전략은 세그멘테이션(Segmentation), 타깃팅(Targeting), 포지셔닝(Positioning) 전략입니다. 현재 소비자 세그먼트는 40대 이상 남성, 30대 중반~40대 남녀 직장인, 30~40대 주부, 20~30대 중반 미혼남녀 직장인, 대학생으로 분리해볼 수 있습니다. 이 중에서 저는 30~40대 주부를 타깃으로 삼아, 우리 제품이 아이들을 찍어주기에 가장 편리하고 우수한 제품이라는 이미지로 포지셔닝하도록 하겠습니다."

마신애의 발표가 끝이 났다. 애초에 각자 20분의 발표시간을 배정받았으나 마신애 혼자 40분이 넘는 시간을 소모했다.

"저의 발표는 여기까지입니다. 질문 있으신 분 질문 받겠습니다."

만족스러운 표정으로 마신애가 발표를 마무리했다.

아무도 질문을 하지 않았다. 고 부장은 뭐라도 한마디 하고 싶었지만, 안타깝게도 부족한 내용을 지적할 만한 마케팅 전문지식이 없었다.

"마신애 씨가 발표를 너무 완벽하게 잘해줘서 다들 질문이 없나 봐. 하하……."

고 부장은 어색한 분위기를 바꾸려는 듯, 멋쩍은 멘트를 날리며 나 이사 눈치만 보고 있었다. 조용히 듣고만 있던 나 이사가 입을 열었다.

"일단, 잘 들었어요. 홍 대리 발표까지 듣고 나서 코멘트 할게요."

홍 대리가 앞으로 나갔다. 앞서 마신애가 너무 긴 시간 동안 발표를 해서인지 졸려 보이는 사람도 많았다.

"여러분, 파리에 가보신 적 있으세요? 여기 파리 대성당에 가보신 분 손을 들어보세요."

갑작스러운 홍 대리의 질문에 참석자들은 모두 영문을 모르겠다는 표정이었다.

"아무도 없으시군요. 저도 아직 파리 대성당에 가보지 못했습니다. 하지만 들리는 얘기에 따르면 그곳에는 거지 하나가 하루도 빠짐없이 나와서 구걸을 하며 앉아 있다고 합니다. 그는 선천적인 맹인으로 그의 낡은 모자 앞에는 '저는 선천적인 맹인입니다. 제발 도와주십시오.'라는 문구가 적혀 있었습니다. 하지만 그곳을 찾는 많은 관광객 중에 그의 모자에 동전을 넣어주는 사람은 거의 없었다고 하는군요."

마케팅 전략 발표에 난데없는 거지 얘기가 등장하자 사람들은 순식간에 관심을 보였다. 홍 대리는 말을 이어나갔다.

"그러던 어느 날 마케팅 전문가 한 명이 그 거지의 앞을 지나게 되었습니다. 그는 낡은 모자 앞에 쓰인 글을 한참 동안 쳐다보더니 거지에게 동의를 구한 뒤, 그 종이를 뒤집어 무언가를 다시 썼습니다. 그러자 놀랍게도 그 거지의 낡은 모자는 지나가는 관광객들이 채워준 돈으로 가득 차게 되었다고 합니다. 과연 그 종이에는 뭐라고 쓰여 있었을까요?"

조용한 분위기 속에 사람들의 눈빛에는 긴장감마저 감돌았다. 홍 대리는 천천히 발표 자료를 클릭했다. 눈앞에 펼쳐진 화면에는 이렇게 쓰여 있었다.

봄이 왔습니다.
이렇게 아름다운 풍경을 감상하시니 행복하시지요?
그런데 저는 세상에 태어나면서부터 빛을 잃어버려
아무것도 보지 못한답니다.

홍 대리가 본격적으로 발표를 이어갔다.

"저는 우리 제품의 마케팅 전략을 발표하라는 지시를 받고 많은 고민을 했습니다. 과연 어떤 전략이 우리 제품의 우수성을 고객에게 잘 전달할 수 있을까? 어쩌면 우리도 파리 대성당 앞의 맹인처럼 고객에게 일방적인 메시지만을 전달하고 있는 것은 아닐까요?"

화면에는 지금까지 파인애플사에서 진행했던 광고와 이벤트, POP(Point of purchase, 구매시점 광고) 등의 사진들이 좌르르 펼쳐졌다. 하나같이 제품의 뛰어난 스펙이나 저렴한 가격을 강조하는 것투성이였다. 그마저도 실제 매장에서는 제대로 활용하지 못하는 듯 사진 속의 제품들은 뭔가로 가려져 있거나 다른 제품 위에 올라가 있기도 했고 기간이 지난 것을 그대로 방치한 경우도 있었다.

"이 사진들은 제가 영업팀에서 일할 당시 매장을 갈 때마다 찍어놓은 것들입니다. 나중에 잘못된 부분을 개선하기 위해 준비해둔 것들이죠. 그래서 저는 우리 제품의 마케팅 전략을 이렇게 세워보았습니다.

첫째, 스펙이나 가격이 아닌 고객이 가치를 느끼는 감성적인 메시지로 프로모션하고 커뮤니케이션하도록 하겠습니다. 우리 제품의 주요 고객인 30~40대 남성 직장인을 타깃으로 하여, 딸이 태어나서 커가는 모습을 사진으로 찍어 오래도록 보고 즐길 수 있도록 소중한 순간을 디카로 담는 모습을 보여주고 온라인 포토앨범 서비스나 포토앨범 프린트 서비스를 프로모션으로 제공하겠습니다."

홍 대리의 발표 자료에는 아버지가 딸아이의 사진을 찍어주며 행복해 하는 모습이 펼쳐졌다. 곧이어 딸이 성장하여 결혼을 하는 날 아버지가 몰래 눈물을 훔치는 모습까지 표현되어 하나의 앨범으로 스크랩되는 듯한 이미지를 보여주었다.

"둘째, 이러한 마케팅의 전략과 정책이 우리 영업 부서의 영업사원뿐만 아니라 매장의 판매사원에게도 빠르고 정확하게 전달될 수 있도록 현장과의 커뮤니케이션 프로세스를 개선하겠습니다. 또한 이를 통해 고객과 시장의 목소리를 들을 수 있도록 대리점 및 판매사원 제안제도와 VOC(Voice Of Customer, 고객의 목소리)도 한층 강화하도록 하겠습니다."

발표 화면에는 POP 아이디어 제안, 판촉 아이디어 제안, 경쟁사 동향, 고객의 소리 등의 메뉴가 포함된 온라인 커뮤니케이션 사이트의 예시가 보여졌다.

"이 프로세스를 통하면 판매 현장에서 진짜로 필요한 판촉과 POP 등 활용 아이디어를 얻을 수 있으므로 실질적인 활용도도 매우 높아질 것으로 판단됩니다."

홍 대리는 주위를 한번 둘러본 후 마지막 세 번째 안을 힘주어 설명하기 시작했다.

"셋째, 이런 제안 제도 및 우리 제품의 판매를 장려하기 위한 판매사원 인센티브 제도를 마련하겠습니다. 현장의 판매사원들은 우리 제품이 더 우수하고 가격이 저렴하더라도 경쟁사 제품의 마진이 좋거나 판촉이 걸려 있을 때 방문고객들에게 경쟁사 제품을 추천하기도 합니다. 특히 IT제품의 경우, 판매사원이 현장에서 추천하는 제품을 선택하는 비중이 높기 때문에 판매성과에 따른 차등 인센티브 제도를 통하여 판매를 올리도록 하겠습니다. 또한 판매성과뿐만 아니라 판매능력을 알아볼 수 있는 제품 지식, 매장 관리, 고객서비스 등의 평가항목을 마련하겠습니다. 이를 통해 복합적으로 판매사원의 능력을 평가해서 우수한 판매사원에게 포상하는 제도를 실시할 예정입니다."

홍 대리는 단호하면서도 부드러운 말투로 고객, 판매현장, 판매사원과 연결되는 세 가지 전략을 제시했다.

"마지막으로, 제가 영업팀에 있으면서 자주 생각했던 것 하나를 말씀드리겠습니다. 본사에서 만들어주는 POP는 예쁘고 퀄리티도 우수합니다. 하지만 매장에 따라 규격이 맞지 않거나 어울리지 않는 경우도 많고, 배송이나 사용상 파손문제가 발생하는 경우도 있습니다. 따라서 저는 각 매장의 특성에 맞게 매장에서 근무하시는 분들이 직접 만들어 쓸 수 있는 핸드메이드(Hand-made) POP 콘테스트를 개최해 우수사례를 전파해나가도록 하겠습니다."

마무리를 지을 시간이 됐다.

"파리 대성당 앞의 거지는 태어날 때부터 빛을 잃어 아름다운 세상을 보지 못하지만, 우리에게는 우수한 제품과 오랫동안 소비자의 사랑을 받아온 브랜드가 있습니다. 저는 우리 제품이 소비자들에게 대성당의 안내 표지판이 아니라 그곳의 아름다운 풍경을 보여줄 수 있는 빛의 역할을 할 수 있길 바랍니다."

발표가 끝났지만, 모두들 말이 없었다. 그때 누군가 박수를 치기 시작했다. 박수 소리는 점점 커졌고 여기저기서 웅성거리는 소리도 들렸다. 홍 대리는 자신의 발표가 만족스러웠다. 준비한 것은 모두 말한 것 같았다. 인사를 마친 홍 대리는 천천히 자리로 돌아왔다. 발표자 석에 앉은 마신애는 박수를 치지 않은 채 경직된 얼굴로 앉아 있었다. 홍 대리의 발표에 감탄하는 사람들을 이해할 수 없다는 표정으로.

나 이사가 마무리 평을 했다.

"두 사람 모두 준비하느라고 수고 많았어. 먼저 마신애 씨부터 얘기하지. 그래서 마신애 씨가 구상한 마케팅 전략은 대체 뭐지? 발표는 길었는데 전략은커녕 전술도 없잖아. 4P관점에서 새로운 기능의 제품을 출시하고 사은품 끼워주는 프로모션 하고 가격 인하해 주고 유통채널을 강화해야 한다는 것은 새로운 전략이라기보다는 당연한 이야기지. 또 STP전략에서 30~40대 주부를 타깃으로 한다면서 4P 믹스는 전혀 30~40대 주부와는 어울리지 않는 것들이군. 마케팅 전략 발표를 하라고 했지 누가 마케팅 이론을 강의하라고 했나? 앞으로는 우리 브랜드와 제품에 필요한 현장 중심의 전략을 짜도록 노력해줘요."

극찬을 기대했던 마신애의 표정이 순식간에 어두워졌다.

"다음, 홍 대리. 홍 대리도 마케팅 전략이라기보다는 유통 중심의 액션플랜에 가까운 이야기군. 그래도 영업을 해서 그런지 시장상황을 잘 알고 채널마케팅 방법을 개선하기 위해 고민한 흔적은 조금 보이는군."

나 이사는 참석자 전원을 향해 다시 말했다.

"이 두 사람의 생각과 아이디어, 이론적인 지식과 현장 경험을 잘 살려 본다면 제대로 된 전략이 나올 것 같아요. 두 사람이 힘을 합쳐 앞으로 디지털카메라 마케팅에 성공적인 결과를 내길 바랍니다."

마신애의 얼굴이 당혹감으로 붉어졌다.

마케팅 전략 수립 과정

마케팅 전략 수립 과정이 일정한 틀로 정해져 있는 것은 아니지만 대체적으로 전략을 수립할 때는 전략 수립을 위한 조사를 실행하고 그 결과를 분석하여 그에 맞는 실행 전략을 수립한다.

1단계 : 마케팅 조사(Marketing Research)

마케팅 전략 수립에 필요한 상품조사, 소비자조사, 광고조사 등 필요한 조사를 실시한다. 마케팅 시장조사는 정량적 조사와 정성적 조사로 나뉘는데, 정량적 조사는 우편조사, 전화조사, 개인면접조사 등의 서베이가 있으며 정성조사는 관찰조사, 심층면접(In-depth Interview), 포커스그룹 인터뷰(FGI)가 있다. 마케팅 조사는 비용과 시간이 많이 소요되므로 상황에 따라 생략되는 경우도 많다.

2단계 : 3C분석

조사된 데이터를 바탕으로 3C(Customer-고객, Company-자사, Competitor-경쟁사)로 구분하여 분석한다. 마케팅 조사가 생략된 경우, 외부환경과 내부환경으로 나누어 환경분석을 진행하고 환경변화에 따른 SWOT분석으로 대신하는 경우도 있다.

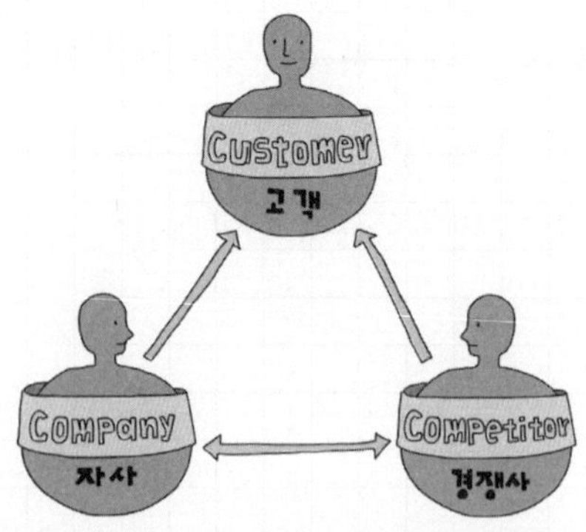

	S [강점]	W [약점]
O [기회]	강점을 활용해 이익 추구	약점을 극복해 이익 추구
T [위협]	강점을 활용해 위협 회피	약점을 극복해 위협 회피

*SWOT분석 : 내부 환경과 외부 환경을 분석하여 강점(strength), 약점(weakness), 기회(opportunity), 위협(threat) 요인을 규정하고 이를 토대로 강점은 살리고 약점은 보완하며, 기회는 활용하고 위협은 억제하는 마케팅 전략을 수립하는 기법이다.

3단계 : STP(Segmentation, Targeting, Positioning)

STP 전략은 마케팅 전략의 핵심으로 시장 세분화(Segmentation), 표적 시장 설정(Targeting), 소비자인식(Positioning)의 약자이다. 포지셔닝은 우리 제품을 표적시장 소비자에게 어떤 이미지로 인식시킬 것인가를 결정하는 것으로 차별화 전략과 동일한 개념으로 쓰이기도 한다.

4단계 : 마케팅 믹스(Marketing Mix)

STP전략에서 나온 포지셔닝 목표의 효과적인 달성을 위하여 마케팅 활동에서 사용되는 여러 가지 요소를 최적으로 조합하는 것을 말한다. 주로 마케팅의 핵심요소인 4P(Product–제품, Price–가격, Place–유통, Promotion–판촉)에 대한 전략을 세우는 것으로 4P Mix라고도 한다.

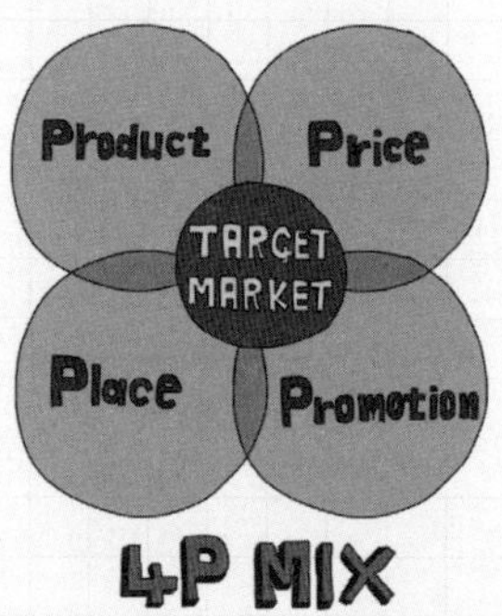

고수가 가르쳐 주는 마케팅의 진수

"모두 수고 많았어. 둘 다 따라와 봐."

나 이사는 앞장서서 회의실을 나가 본부장실로 향했다.

이사님이 꾸중을 더 하시려나 싶어 잔뜩 긴장한 홍 대리와 마신애는 조용히 뒤따라 들어갔다. 쭈뼛쭈뼛하며 앉아 있는 홍 대리에게 나 이사가 물었다.

"자네 마케팅 프로세스가 어떻게 돌아가는지 아나?"

홍 대리는 갑자기 머릿속이 하얗게 변하는 것 같았다.

"정확히는 모르겠지만 고객을 이해하고 시장을 파악하여 그에 맞는 상품을 개발하고, 출시한 뒤에는 판매를 위한 활동을 하는 것 아닐까요?"

홍 대리는 최대한 알고 있는 대로 순서를 맞추어 설명했다.

마신애는 이 질문에 자신은 어떻게 대답해야 할지 생각하느라 홍 대리의 대답을 제대로 듣지 못했다.

나 이사는 무표정하게 이야기를 이어갔다.

"마케팅 프로세스를 크게 5가지로 나눈다면 시장조사, 마케팅 전략, 상품기획, 상품출시, 성과관리로 볼 수 있지."

홍 대리는 들고 있던 수첩을 펼쳐 적으려고 했지만 나 이사의 말이 너무 빨라 받아 적을 수가 없었다.

"'시장조사'는 다양한 방법으로 수집한 정보를 분석하고 활용하는 거야. '마케팅 전략 수립'은 환경을 분석해서 제품, 고객, 브랜드 관점에 맞춰 전략을 세우고 이를 실행하기 위한 마케팅 계획을 수립하는 거지. '상품기획'은 상품 콘셉트를 개발하고 제품 라인업을 수립해서 기획하는 것이고, '상품출시'는 말 그대로 상품을 시장에 내놓을 출시계획을 세우고 사후관리와 출시에 따른 마케팅 활동을 하는 거야. 마지막으로 '성과관리'는 마케팅의 목표를 설정하고 모니터링 하여 성과를 평가하는 것이지. 우리는, 본사에서 개발한 제품을 들여와 마케팅하고 판매하는 회사니까 결국 상품출시로 시작해서 성과관리로 마무리되지. 현실적으로 상품기획을 위한 시장조사나 고객서베이는 이루어지지 않고 STP를 위한 고객세분화부터 시작하면 되겠지."

홍 대리는 나 이사가 하는 말을 반쯤만 알아들은 상태로 받아 적을 수 있는 만큼 받아 적었다. 노트에는 시장조사, 마케팅 전략, 마케팅 계획, 제품 라인업, 상품출시 계획, 마케팅 목표, 성과관리, 고객세분화 등이 어지럽게 적혀 있었다. 그걸 흘깃 쳐다본 나 이사가 다시 말했다.

"자, 마케팅 프로세스는 그렇게 이루어지지만 그거 전부 말로 해보라고 하면 아는 사람 우리 회사에 없어. 그리고 마케팅 프로세스는 언제 어떻게든 바뀔 수 있어. 홍 대리, 코끼리를 어떻게 냉장고에 넣지?"

수첩을 바라보고 있던 홍 대리는 갑작스러운 질문에 당황했다.

"코끼리요? 아, 네. 제가 들은 건 몇 가지 버전이 있는데, 기본이 '1. 냉장고 문을 연다. 2. 코끼리를 넣는다. 3. 냉장고 문을 닫는다.'입니다."

"맞아. 냉장고에 코끼리를 넣은 사람이 그게 프로세스라고 하면 그게 프로세스인 거야. 하지만 코끼리를 어떻게 넣는지에 대한 설명이 빠졌으니까 완벽하다고 할 수는 없지. 어쨌건, 마케팅 프로세스는 정답이 없어. 중요한 건 '우리 제품을 통해 어떻게 고객에게 가치를 전달하느냐'인 거야. 만약 제품기획 단계에서 고객의 가치를 올릴 수 있는 아이디어가 있다면 그건 본사에 의견을 전달하면 되겠지. 본사에서도 정기적으로 라인업 미팅이나 상품기획 미팅 등을 통해서 각 나라의 소비자와 마케터의 의견을 수렴해서 반영하고 있어. 하지만, 우린 판매회사니까 상품기획 단계보다는 주로 개발이나 생산된 이후의 마케팅에 집중해야 하는 거지. 즉, 우리 제품을 소유하거나 이용하는 고객의 가치를 올려 줄 방법을 찾아내면 되는 거야."

알 듯 모를 듯한 표정이던 홍 대리는 뭔가 깨달았다는 표정으로 고개를 끄덕였다.

'우리 제품을 소유하거나 이용하게 하는 것으로 고객에게 가치를 전달한다.'

홍 대리는 디지털카메라를 들고 본사까지 쳐들어왔던 중년 남성이 떠올랐다. 그러고 보면 그는 파인애플사의 브랜드 제품을 '소유'하는 것만으로도 엄청난 만족감을 느끼는 진정한 충성 고객이었다.

바로 그때, 마신애가 오늘의 부진을 만회라도 하려는 듯 나 이사의 말을 끊고 자신 있게 대답했다.

"네! 맞습니다. 그래서 미국마케팅협회에서 '마케팅은 소비자, 고객, 파트너 그리고 사회를 위한 가치를 제공하기 위해 창조되고, 의사소통하고, 전달하고 교환하는 활동, 제도 그리고 프로세스이다.'라고 정의했죠."

나 이사는 약간 한심하다는 표정으로 마신애를 향해 말했다.

"그래, 맞아. 그렇게 잘 알고 있으면서 가치를 제공하기 위한 전략은 왜 없지? 마케팅은 이론으로 하는 게 아냐. 그렇게 이론만으로 하는 마케팅은 오히려 독이 될 수 있어."

마신애의 표정이 급속도로 어두워졌다. 나 이사는 아랑곳하지 않고 계속 말을 이어갔다.

"자, 오늘 고생 많았고 두 사람 모두 경험 없는 초보 마케터 치고는 훌륭했어. 앞으로 어떤 업무를 하든 내가 하는 마케팅 업무가 궁극적으로 고객에게 가치를 주는 일인지 아닌지 판단해서 일하면 좋은 마케터로 성장할 수 있을 거다. 이상!"

본부장실을 나오는 홍 대리 곁으로 언제 왔는지 고 부장이 딱 달라붙었다. '개장수'라는 별명답게 주위를 조심스럽게 살피더니 눈을 번뜩이면서 물었다.

"이사님이 무슨 말씀 하셨어?"

"아, 그게…… 마케팅 프로세스에 대해서 설명해 주셨고 마케팅이란 고객의 가치를 올리는 것이라고 가르쳐 주셨어요."

"그게 다야? 고객의 가치는 무슨! 기업에서 일하는 마케터란 궁극적으로 기업이 제품을 많이 팔고 이익을 남기도록 노력하는 사람이지. 이사님이 저렇게 '고객의 가치'가 어쩌고저쩌고 하셔도 막상 보고서 들고 올라가면 '그래서 이거 하면 얼마나 더 팔리는데?', '이러면 이익률이 얼마나 좋아지는데?'하고 질문하신다고! 거기에 제대로 대답 못했다간 박살나게 깨진다니깐, 거참!"

고 부장은 콧방귀를 뀌면서 홍 대리를 앞질러 자기 자리로 돌아갔다.

홍 대리는 아직도 누구 말이 맞는지 판단이 서지 않아 혼란스러웠다. 제품의 소유와 이용을 통해 고객에게 가치를 전달해야 한다는 것도 당연히 맞는 것 같고, 궁극적으로 기업의 매출과 이익에 기여해야 한다는 것도 중요한 것 같았다.

'고객에게 가치를 전달하면서 기업의 이익에도 기여하는 마케팅이 과연 가능할까?'

홍 대리는 어제 늦게까지 야근을 하고 발표 준비 때문에 점심까지 거른 탓인지 머리가 빙빙 도는 것 같았다. 그래도 조금씩 마케팅을 알아가는 과정이 재미있고 뿌듯하게 느껴져 자신도 모르게 입가에 작은 미소가 번졌다.

마케팅 정책의 중요성

"홍 대리, 지난번에 발표한 '커뮤니케이션 프로세스 개선'과 '판매사원 인센티브 프로그램' 구체화해서 보고서 쓰고 품의서 올려봐. 이사님 지시사항이야. 이번 달 내로 빨리 실행해 보라고 하셨어."

"네! 알겠습니다."

갑작스러운 고 부장의 지시에 놀라 우선 대답은 하면서도 홍 대리는 어디서부터 어떻게 시작해야 할지 난감했다.

저쪽에서 홍 대리를 지켜보고 있던 마신애는 자기도 모르게 입을 삐죽거렸다. 중요한 업무를 홍 대리가 먼저 맡는 것이 못마땅하기 그지없었다.

마신애는 항상 준비되어 있는 자신에게 중요한 업무를 맡겨

주지 않는 회사가 불만이었다. 매일 본사와 전화하고 이메일을 확인하거나 영업 담당들의 문의사항 등에 대응하다 보면 정작 중요한 일을 할 시간이 없었다. 지금 자신이 하는 일은 마케팅이 아니라 관리나 지원 업무밖에 되지 않는다는 생각이 강하게 들었다.

'내가 마케팅을 하러 왔지, 사무 보조하러 왔나?'

마신애는 자꾸만 자존심이 상하는 기분이었다.

물론 홍 대리는 마신애의 이런 마음은 꿈에도 모르고 있었다. 다만 그녀의 참신한 아이디어를 합치면 더 좋은 결과가 나올 수 있겠다는 생각이 들었을 뿐이었다. 홍 대리는 마신애에게 다가가 자신과 함께 프로그램을 준비해 보자고 제안했다.

"마신애 씨, 마케팅 커뮤니케이션 프로세스와 판매사원 인센티브 프로그램 같이 준비해보지 않을래요? 이거 준비하다 보면 서로 배우는 것도 많을 것 같고, 무엇보다 마신애 씨가 도와주면 더 훌륭한 결과가 나올 것 같아요."

마신애는 귀가 번쩍 뜨였다. 맘 같아서는 당장이라도 '좋아요!'라고 외치고 싶었으나 정작 나온 말은 "저는 좀 힘들겠는데요."하는 심드렁한 대답이었다. 자신이 아이디어를 내서 좋은 결과가 나온다 하더라도 결국 모두 홍 대리의 공으로 돌아갈 것이 뻔히 보였기 때문이다.

"홍 대리님은 아직 마케팅 업무 돌아가는 상황을 잘 모르셔서 그래요. 제가 본사하고 커뮤니케이션 하는 이메일과 전화통화가 하루에 몇 건인지 아세요? 그나마 제가 영어를 잘하니 빨리빨리 진행해서 그렇지, 본사하고 연락하는 일만도 한 사람이 해낼 수 있는 양이 아니라고요. 거기다가 지금 영업팀이나 온라인팀, 서비스 본부, 콜센터 등에서 디지털카메라 제품과 조금이라도 관련된 건 다 저에게 문의하고 확인받는데 그것만 해도 하루가 모자랄 지경이거든요!"

마신애는 홍 대리가 아무것도 모르면서 자기를 부려먹으려는 것 같아 화가 치밀었다.

홍 대리는 순간 미안한 마음과 함께 하루라도 빨리 적응해서 마신애의 과중한 업무를 덜어줘야겠다고 생각했다.

"아, 그래요? 정말 미안해요, 마신애 씨. 이번에는 제가 혼자 처리하고 마무리하는 대로 다른 업무들도 분담할게요."

홍 대리는 앞으로 진행해야 할 업무들을 순서대로 차근차근 정리해보았다. 마케팅 커뮤니케이션 프로세스를 개선하고 판매사원 인센티브 제도를 실행하기 위해서는 IT시스템 부서의 도움이 필요할 것 같았다.

먼저, IT 부서의 담당자를 찾아 자신의 계획에 대해 설명하고 조언을 얻었다. IT 부서에서는 현재 새로 시스템을 구축할 만한 인력이 없기 때문에 시간이 좀 걸릴 거라고 했다. 하지만 구체적인 시스템 구축과 인력 투입은 현장에서 자세한 보고서가 나오면 다시 검토해 보겠다고 했다.

다음으로 홍 대리가 찾아간 곳은 근처의 한 대리점이었다. 영업사원이 아닌 마케팅팀 직원으로서는 처음 방문하는 대리점이었다.

“아이고, 홍 대리님! 어쩐 일이세요? 반가워요!”

대리점 사장은 홍 대리를 반갑게 맞아주었다.

“오랜만이죠 사장님? 요즘 매출은 어떠세요?”

“힘들죠 뭐. 그래도 홍 대리님 계실 때는 본사에서 지원을 잘 해줘서 힘들어도 버틸 만했는데, 요즘은 대리점 문을 닫아야 하나? 하는 생각밖에 없네요.”

대리점 사장의 엄살은 여전했다. 요즘 같은 매출 정도면 그리 나쁘지 않은 수준일 텐데도 어떻게든 본사의 지원을 더 받아 보려는 속셈이 뻔히 보였다.

“에이, 우리 사장님처럼 장사 잘하시는 분이 ‘장사가 안돼서 문 닫는다.’고 하시면 대한민국 가전 대리점 다 죽었게요?”

“아이고, 아니에요! 정말 요즘은 힘들다니까!”

대리점 사장은 여전히 엄살을 떨면서도 기분 좋은 목소리다.

"그건 그렇고 어쩐 일로 마케팅팀 나리께서 여기까지 다 찾아오셨을까?"

대리점 사장은 홍 대리를 살짝 경계하는 표정으로 다시 말했다.

"우리가 본사에서 제일 가까운 대리점이라 그런지 마케팅팀에서도 자주 오시고, 해외 본사에서 손님이 올 때마다 우리 대리점에 들러서 구경을 하고 가시는데 그거 참 부담스러워요. 이번에는 또 어디 외국에서 중요한 손님이라도 오시나?"

"아니, 그건 아니고요. 마케팅팀에서도 이렇게 직접 대리점이나 판매 현장을 방문해야 생생한 마케팅 정책이 나오죠. 이번에 판매 현장을 지원하는 마케팅 정책을 만들려고 하는데 사장님의 의견도 듣고 싶고 또 찾아뵌 지도 오래 되고 해서 왔습니다."

대리점 사장은 손사래를 치면서 말했다.

"어휴, 아니에요. 제가 뭐 이야기해 줄 게 있나요? 본사에서 나온 사람이라면 영업사원 빼고는 다 무서운 걸요!"

홍 대리는 이게 무슨 말인가 싶어 의아했다. 다른 사람도 아니고 본사 직원의 방문이 무섭다니?

바로 몇 해 전에 있었던 일 때문이었다.

어느 날, 명품 옷과 명품 가방을 걸치고 커피 한 잔을 손에 든 손님 한 분이 매장을 찾아왔다. 그리고는 다짜고짜 "장사 잘 돼요?" "요즘은 어떤 TV 모델이 잘 나가요?"라며 여러 가지 질문을 하더란다. 오래간만에 비싼 TV 하나 팔 수 있겠다 싶었던 대리점 사장과 직원들은 최신 모델에 대해 열심히 설명했다.

그런데 가만히 듣고만 있던 손님은 갑자기 말을 바꿔, 자신이 본사에서 나왔다면서 거들먹거리기 시작했다. 대리점 사장은 본사에서 아주 높으신 분이 오셨다는 생각에 그가 물어보는 것에 성심성의껏 대답해 주었고, 평소 생각하고 있었던 본사 지원 요청사항을 이야기했더니 대뜸 "그거 해 주면 훨씬 많이 팔 자신은 있는 거예요?"라며 거만하게 굴었다고 한다.

대리점 한다고 무시하는 건가 싶었던 사장은 기분이 무척 상했지만, 높으신 양반 비위를 거스르면 대리점에 피해라도 갈까 싶어 참았다고 한다. 그래서 다른 손님도 무시한 채 최선을 다해 응했는데, 나중에 알고 보니 그 본사 손님은 마케팅팀에 들어온 지 얼마 되지도 않은 신입사원이었다는 것이다.

홍 대리도 짚이는 데가 있었다. 머릿속에 TV 담당 마케팅 직원의 얼굴이 떠올랐다. 그 친구가 몇 년 전 신입사원으로 입사했을 때, 소문난 집안 출신으로 해외 명문대를 졸업한 것은 물론 원어민에 가까운 영어 실력까지 갖춘 인재라는 소문이 자자했었다. 태도도 어찌나 당돌한지 선배들도 함부로 업무를 지시하거나 조언을 하기 꺼끄러워할 정도였다.

홍 대리는 자신이 괜히 부끄럽고 얼굴이 화끈거렸다.

"죄송합니다, 사장님. 우리 회사가 '대학생이 가장 선호하는 글로벌 기업' 중 하나라서 실력이 뛰어난 신입사원들이 입사하기로 유명하거든요. 그런데 마케팅팀에서 일하다 보면 외국도 자주 다니고 담당 제품에 대해서도 생각보다 큰 권한을 갖게 되잖아요. 그러다 보니 우쭐해져서 자신이 대단한 사람이라도 된 것 같은 착각에 빠지는 신입사원들이 종종 있어요. 그 직원도 지금은 자신의 실수를 알고 많이 반성했을 테니 사장님께서 넓은 마음으로 이해해 주세요. 제가 다음번에 사장님 찾아뵙고 인사드리라고 하겠습니다."

대리점에서 본사와 마케팅팀에 불신을 가지고 있으면 마케팅 정책이 제대로 실시되기 어렵다. 홍 대리는 지금 준비하고 있는 마케팅 커뮤니케이션 프로세스와 판매사원 인센티브 프로그램을 더욱 신경써야겠다고 생각했다.

대리점 사장과 차 한잔을 마시며 홍 대리는 자신의 생각을 본격적으로 풀어 놓기 시작했다. 처음에는 시큰둥하게 '또 뭘 가지고 우리를 귀찮게 하려고 그러나?' 의심하는 눈치였던 대리점 사장도 '인센티브 제도'라는 말에 눈이 똥그래져서는 평소 생각했던 아이디어를 쏟아내기 시작했다. 판매사원 인센티브 제도가 제대로만 이루어지면 대리점 사장 입장에서도 판매사원 급여를 절약할 수 있기 때문이다.

홍 대리는 마케팅 정책을 만들 때 각 이해관계자들과의 관계를 어떻게 조절하느냐가 매우 중요하다는 것을 알게 되었다. 마케팅팀에서 일방적으로 기획해 놓고, IT 부서에 시스템을 당장 만들어내라고 요구하거나 대리점이나 영업팀이 새로운 정책을 무조건 따르도록 강요하는 방식으로는 마케팅 정책의 효과를 기대하기 힘든 것이다.

그런 의미에서 나 이사가 말한 고객의 가치와 고 부장이 말한 회사의 이익을 함께 생각해야 한다는 것이 무슨 뜻인지도 조금 알 것 같았다. 어떤 의미에서 보면, 제품을 사용하는 최종 소비자뿐만 아니라 대리점이나 유통회사들도 회사의 고객이고, 나아가 회사 내의 협업 부서들도 내부 업무상으로는 나의 고객인 것이다. 즉, 고객의 가치를 생각한다는 것은 이 모든 관계를 고려해서 마케팅 정책을 펼쳐야 한다는 의미이기도 했다.

홍 대리는 이 제도가 영업, 마케팅 등 기업의 내부뿐 아니라, 거래처인 대리점, 더 나아가 고객에게 어떤 가치를 제공해 줄 수 있을지에 대해 생각해보았다. 기업과 유통거래처와의 커뮤니케이션이 향상되면 고객은 판매현장에서 더욱 향상된 고객서비스를 받을 수 있게 될 것이다.

홍 대리는 회사 내부와 외부 고객들, 대리점과 제품사용자를 포함한 모든 고객들의 가치에 대해서도 고민해 보기로 했다. 또한 한쪽에서는 가치 있는 것이 다른 쪽에서 불편함이나 불이익이 될 수 있는지에 대해서도 꼼꼼하게 점검해봤다.

며칠 후, 홍 대리는 자신의 생각을 담아 정성껏 보고서를 작성하고, 그에 따른 품의서를 작성했다. 힘은 들었지만 고객은 물론이고 대리점 사장이나 판매사원들에게까지 도움이 될 수 있는 정책을 자신이 만들고 있다는 생각에 뿌듯했다. 마케팅팀의 결정이 어쩌면 영업팀의 활동보다도 매출에 더 큰 영향을 미칠 수 있다는 점을 잊지 말고 더욱 신중하게 정책을 만들어야겠다고 결심했다.

마케팅 예산 관리하기

"그래, 이렇게 하면 되는 거야?"

고 부장은 홍 대리가 올린 보고서를 보는 둥 마는 둥 하더니, 무심하게 말했다.

"일단, 알았고. 내가 지금 바쁘니까 나중에 자세히 다시 볼 수 있게 이메일로도 보내 봐."

홍 대리는 내심 속이 상했다. 자신이 마케팅팀에 와서 처음으로 제출하는 보고서인 데다 며칠 잠도 자지 못하고 최선을 다해 만든 것이라고 부장이 관심 있게 봐 주기를 바랐다. 하지만 그의 반응은 기대 이하였다.

"참, 예산은 확인해봤어?"

"아, 네. 아직 거기까지는……."

고 부장은 당황해하는 홍 대리를 한심하다는 듯 바라보며 말했다.

"그것도 안 해보고 품의서 쓴 거야? 우리 마케팅팀 예산 중에서 디지털카메라 쪽으로 잡힌 예산 확인해 보고 관리팀에 가서 합의부터 받아 와! 영업에서는 품의서도 안 썼어? 거참. 신입사원도 아니고 어디까지 가르쳐 줘야 해?"

고 부장의 면박에 홍 대리는 머리를 긁적이면서 관리팀으로 올라갔다.

관리팀의 예산 합의를 받기 위해서는 저 유명한 노희숙 대리를 통과해야 했다. 그녀는 홍 대리와 함께 사내공모 인터뷰 심사를 봤던 터라 홍 대리에 대한 감정이 좋을 리가 없었다.

"예산 없는데요? 이번 분기는 이미 예산 초과예요."

아니나 다를까. 노희숙은 홍 대리와 눈도 안 마주치고 사무적으로 말했다.

"아, 네……. 하지만 이건 본부장님 지시사항이라 이번 달에 꼭 실행해야 하는 건데요."

홍 대리는 가능하면 노희숙의 기분을 건드리지 않도록 주의를 기울이면서 말했다.

"그래서 어쩌라고요? 예산도 없는데 마케팅에서는 하겠다는 게 왜 이렇게 많아요? 그러면 진작 예산을 설정해 놓으시던가요. 예산 정할 때는 귀찮다고 전년대비 기준으로 대충 잡아 막 집어넣으면서, 나중에 와서 이렇게 우겨대면 저더러 어떡하라고요? 관리팀이 마케팅팀 뒤치다꺼리나 해 주는 부서인 줄 아세요?"

조심스럽게 의견을 물은 것뿐인데 노희숙은 목에 핏대를 세우면서 달려들었다. 주변의 시선이 홍 대리에게 꽂혔다.

"아니, 그게 아니고요!"

박 대리가 노희숙과 큰 소리를 내며 싸웠다는 얘기를 들었을 때만 해도 홍 대리는 참, 어지간하다는 생각을 했었다. 아무리 화가 나도 싸울 곳이 있고 아닌 곳이 있지 않은가.

하지만 막상 자신이 이런 상황에 놓이고 보니 박 대리의 심정을 이해할 수 있을 것 같았다. 합의는 받아야 하고, 이대로 물러설 수도 없는 홍 대리는 마음을 가라앉히고 다시 물었다.

"저, 그러면 예산 합의를 받으려면 어떻게 해야 하는지 방법을 알려 주세요."

노희숙은 대답이 없었다. 같은 질문을 다시 했지만 그녀는 홍 대리의 말 따위는 아랑곳하지 않고 거래처에 전화를 걸어 통화를 하고 있었다. 홍 대리가 슬슬 폭발하려던 찰나였다.

"홍 대리, 여기 무슨 일이야?"

지나가던 관리 부장이 물었다. 대답을 하려는데 그 사이 통화를 끝낸 노희숙이 관리 부장에게 먼저 대답했다.

"아, 부장님. 마케팅에서 잡혀 있지도 않은 예산을 쓰겠다고 합의를 해달라고 해서요."

관리팀 까칠마녀가 순간 다른 사람이라도 된 양 친절한 말투로 바뀌어 있었다. 그리곤 홍 대리를 향해 말했다.

"홍 대리님, 마케팅팀에 가신 지 얼마 안 되셔서 아직 아무것도 모르시는 것 같은데요. 잡혀 있는 예산이 없을 때는 마케팅 팀장님과 마케팅 본부장님 결재를 먼저 받아오셔야 해요. 초과 예산을 사용하겠다는 내용도 품의서에 포함하시고요. 아, 그리고 사용하는 비용이 어떤 제품의 손익에 반영돼야 하는지도 밝혀 주세요."

'아, 진작 이렇게 설명해줬으면 될 거 아냐!'

부글부글 끓는 속마음과는 달리 홍 대리도 웃으며 대답했다.

"네, 알겠습니다. 감사합니다."

홍 대리가 막 관리팀을 빠져 나오려는 순간 관리 부장이 홍 대리를 불렀다.

"홍 대리, 지금 바쁘지 않으면 차나 한잔 할까?"

현명한 부장은 홍 대리가 회사에 입사할 때 경력사원 입사교육을 같이 받았던 사람으로, 일종의 입사동기였다.

현 부장이 온 후 관리팀의 분위기는 완전히 달라졌다. 그 전의 관리팀은 주로 다른 부서에서 하는 일과 비용 집행에 반대하거나 딴죽을 거는 일이 다반사였던 모양이다. 하지만 그가 맡은 후부터는 사내 다른 부서에서 골고루 좋은 반응을 얻고 있었다. 들리는 말로는 현업에서 더 믿고 신뢰하는 관리 부장이 탄생한 것은 회사 역사상 처음 있는 일이라고 했다. 덕분에 현 부장은 과장으로 입사해서 2년도 채 안 되는 시간에 차장을 거쳐 부장으로 특진을 두 번이나 거듭하며 입지전적 인물이 되어 있었다.

"우리 노희숙 대리가 좀 불친절하지?"

홍 대리와 함께 휴게실로 간 현 부장은 자판기 커피를 한 잔 뽑아 건넸다.

"아니에요. 자기 일을 철저하게 하려다 보니 그런 거겠죠."

부하직원을 대놓고 깎아내리면 현 부장의 기분이 상할 것 같아 홍 대리는 일부러 마음에도 없는 말을 했다.

"그래, 그렇게 생각해 주면 고맙겠어. 어찌나 현업 사람들하고 싸워대는지 따로 불러서 주의를 좀 주긴 했어. 그런데 관리부서 일이라는 게 또 까칠하게 안 하면 숫자가 자꾸 틀어지고 펑크가 나거든. 그래도 일처리 하나만큼은 완벽해서 단 1원도 틀려본 적이 없는 꼼꼼한 직원이야."

홍 대리는 노희숙처럼 깐깐한 사람일수록 논리적으로 따지기보다는 다른 방법을 쓰는 것이 효과적일 것 같다는 생각을 했다. 앞으로 노희숙 대리에게 갈 때는 재미있는 농담이나 일상생활 이야기를 자연스럽게 꺼내보자고 마음먹었다.

'그렇게까지 했는데도 까칠병이 안 고쳐지면 어떡하지?'

홍 대리가 잠깐 딴 생각을 하는 사이 현 부장이 다시 물었다.

"그래, 마케팅 일은 좀 어때?"

"아직은 잘 모르겠지만, 재미있는 것 같아요. 영업도 그렇지만 마케팅도 알아갈수록 흥미롭고 보람찬 업무인 것 같아요."

"재미있다니 다행이군. 그런데 말이야, 내가 입사동기로서 한 가지 조언을 해 줄 게 있는데, 괜찮겠어?"

현 부장은 평소에도 현업에서 도움을 요청하면 관리 부서와 크게 상관 없는 일에도 앞장서 도와 주는 사람으로 유명했다. 그래서 사람들은 그를 두고 '오지랖 현'이라며 에둘러 칭찬을 했다. '오지랖 현'답게 그는 홍 대리에게도 마치 교수님 같은 말투로 조언을 해 주었다.

"마케팅이란 게 얼핏 보면 영업하고 비슷하기도 하지만 광고나 프로모션처럼 창의적이고 새로운 것을 만들어내는 게 다인 것처럼 생각하기도 쉬워. 하지만 마케팅이야말로 우리 부서처럼 관리 포인트가 많은 일이야. 매출 관리해야지, 이익 관리

해야지, 재고 관리해야지……. 그래서 마케팅을 하는 사람이라면 P/L(Profit& Loss, 손익) 마인드를 가지고 있는 것이 아주 중요해."

'P/L 마인드?'

지금까지 들어보지 못한 얘기라 홍 대리는 바짝 호기심이 생겼다.

"마케팅은 전략과 계획만으로 되는 것이 아니라 실제로 비용 집행이 많은 일이야. 광고와 프로모션 등에는 막대한 비용이 집행되기 때문에 비용 대비 효율을 잘 따져야 해. 그래서 이렇게 예산관리도 철저히 하는 것이고. 비용을 집행할 때 비용 집행에 따라 얻을 수 있는 결과에 대한 예측도 잘해야 돼. 물론, 어려운 일이긴 하지. 광고에 1억을 쓰는데 매출이 얼마나 오를지, 이익이 얼마나 늘어날지 어떻게 알 수 있겠어?

하지만! 그럼에도 불구하고 예상 결과를 수치로 나타내는 것은 반드시 필요한 일 중 하나지. 이처럼 막대한 비용이 쓰이는 곳이기 때문에 마케팅 부서는 돈을 버는 프로핏(Profit) 센터가 아니라 돈을 쓰는 코스트(Cost) 센터야. 영업 같은 프로핏 센터에서 벌어들인 돈을 쓰기만 하는 곳이지. 그렇게 사용된 비용은 다시 제품별로 분류해서 손익 계산할 때 포함되는 거고.

디지털카메라에 광고와 프로모션을 많이 하면 그것이 매출 성장에 기여해서 매출은 올려주겠지만 비용은 디지털카메라의 손익을 계산할 때 비용으로 들어가서 결과적으로 이익을 줄게 만들지. 이번에 홍 대리가 준비하는 프로젝트가 만약 다른 제품의 마케팅에도 도움이 된다면 비용을 나누어 함께 부담하는 것이 좋아."

홍 대리는 영업팀에 있을 때, '왜 돈은 영업팀이 다 벌면서 돈 쓰는 건 일일이 마케팅팀한테 허락을 받아야 하지?'하고 억울하게 생각했던 적이 많았다. 현 부장의 말을 듣고 보니 이제야 그 이유를 확실히 이해할 수 있었다.

그러니까 영업은 모든 제품을 많이 팔기만 하면 되지만, 각 제품에 대한 손익은 마케팅 PM이 책임져야 하기 때문이었다. 영업에서 판촉비용을 과다하게 쓰거나 한쪽 제품에만 몰아서 사용하다 보면 특정 제품의 손익 계산 결과가 나빠질 것이고 그것은 결국 마케팅팀의 실책으로 돌아갈 것이었다.

홍 대리는 속으로, 자신처럼 억울하게 생각하고 있을 영업팀 직원들에게 이런 구조를 잘 설명해줘야겠다고 생각했다.

현 부장의 조언을 들은 홍 대리는 고 부장에게 보고한 뒤, 다른 제품 PM들과 협의하여 제품별 혜택에 따라 비용을 배분하기로 했다. 비교적 정책이 자주 바뀌고 커뮤니케이션이 잦은 편

인 디지털카메라에서 50%의 비용을 부담하기로 했고 주요 제품군인 TV에서 20%, 나머지는 기타 제품군들에서 10%씩 나누어 맡아서 마케팅팀 모두가 활용할 수 있는 시스템을 만들기로 한 것이다.

처음 호흡을 맞추는 사람들과 소통도 하고 낯선 업무에 적응하느라 정신이 없으면서도 홍 대리는 이 과정이 싫지 않았다. 자신이 진짜 마케터가 되어간다는 느낌도 좋았고, 팀에 뭔가 도움이 되는 역할을 하고 있다는 생각에 뿌듯했다.

'이 보고서가 제대로 먹힌다면 제법 큰 성과가 날지도 몰라.'

홍 대리는 몸은 고되어도 절로 힘이 솟는 듯했다.

부하직원 성과 가로채기

'왜 부장님이 아무 말씀이 없으시지?'

홍 대리가 올린 보고서를 검토해보겠다던 고 부장은 며칠째 아무런 말이 없었다.

"부장님, 지난번 제가 올린 보고서 검토해보셨어요? 본부장님께 보고를 드리고 집행했으면 합니다만."

홍 대리의 말에 고 부장은 건성으로 대답했다.

"응, 그거? 내가 알아서 할 테니까, 홍 대리는 품의서나 작성해서 줘."

홍 대리는 마케팅의 각 PM들과 비용을 나누기로 한 품의서를 고 부장에게 전달했다.

"저기요, 홍 대리님."

자리로 돌아오는 홍 대리를 마신애가 작은 목소리로 불렀다.

"홍 대리님이 준비한 보고서요. 고 부장님이 관련 부서에 벌써 다 보내시고 이사님에게 보고까지 이미 마쳤는데요?"

"네? 그게 무슨 말이에요?"

"내가 이럴 줄 알았다니까. 잠깐 이리 와보세요."

마신애가 보여준 이메일을 본 홍 대리는 깜짝 놀랐다.

분명 홍 대리가 작성한 보고서의 첫 장에 '작성자: 고장수 마케팅 팀장'이라고 씌여 있었다. '마케팅 커뮤니케이션 프로세스 및 판매사원 인센티브 프로그램 구축의 건'이라는 제목과 함께 '마케팅 팀장인 자신이 주도하여 이런 내용들을 진행하고 있으니 많은 관심과 지원을 부탁드린다.'는 설명도 곁들여져 있었다.

'어떻게 이럴 수가…….'

하지만 홍 대리는 더 놀라운 사실을 발견하고 말았다. 그 문서는 IT 부서장, 영업 본부장, 마케팅 본부장, 관리 본부장 등 회사의 관련자 모두에게 보내져 있었다. 딱 한 사람, 홍 대리만 빼고.

엄청난 배신감이 몰려왔다. 그러면서도 혹시 고 부장이 홍 대리를 수신자에 첨부하는 것을 실수로 깜빡 잊은 것은 아닐까 하는 일말의 기대를 하고 있었다.

'하지만 그렇다고 해도 그걸 어떻게 확인하지?'

마신애의 목소리에 정신이 번쩍 들었다.

"부장님 진짜 너무하신 거 아니에요? 저도 처음에 메일 받고 첨부파일 열어봤을 때 좀 이상하더라고요. 작성자가 고 부장님으로 되어 있어서 부장님이 직접 만드신 보고서가 또 있었나 싶기도 했고요. 근데 나중에 보니 보고서 혼자서 다 만드신 대리님은 아예 이메일 수신리스트에도 없지 뭐예요? 홍 대리님이 부장님에게 가서 직접 확인해 봐야 하는 거 아니에요?"

마케팅팀에 온 후 처음으로 홍 대리에게 호의적인 마신애였다. 마치 오래전부터 자신의 편이었던 듯한 말투였다.

홍 대리는 끝내 고 부장에게 따지지 못했다. 말할 기회를 찾고 있던 오후, 고 부장이 홍 대리 자리를 지나며 슬쩍 건넨 이야기 때문이었다.

"홍 대리, 그거 있잖아. 뭐더라? 마케팅 커뮤니케이션인가 판매사원 인센티브인가 어쩌고저쩌고 하는 거. 그거 내가 관련자들한테 알아서 공지하고 업무협조 요청했으니까 홍 대리는 신경 쓰지 말고 보고서대로 업무 진행이나 잘해."

마케팅을 바라보는 여러 가지 관점들

마케팅의 정의에 대한 변천사를 확인해보면 마케팅의 발전과정을 이해하는 데도 도움이 될 수 있다.

1960년대 미국마케팅협회(AMA, American Marketing Association)

"마케팅이란 생산자로부터 소비자 또는 사용자에 이르는 제품 및 서비스의 흐름을 관리하는 기업 활동이다."

1965년 미국의 오하이오 주립대학의 마케팅 교수

"마케팅이란 경제적 재화와 서비스의 생산, 판매촉진, 교환 및 물적 유통을 통하여 수요를 예측, 확대, 만족시켜나가는 사회적 과정이다."

1985년 미국 마케팅 협회 연례 총회

"마케팅이란 개인과 조직의 목적을 충족시키는 교환을 창조하기 위하여 아이디어, 재화 그리고 서비스의 개발, 가격결정, 판매촉진, 유통을 계획하고 수행하는 과정이다."

2002년 한국마케팅협회

"마케팅은 조직이나 개인이 자신의 목적을 달성시키는 교환을 창출하고 유지할 수 있도록 시장을 정의하고 관리하는 과정이다."

2004년 미국마케팅협회

"마케팅은 소비자, 고객, 파트너 그리고 사회를 위한 가치를 제공하기 위해 창조되고, 의사소통하고, 전달하고 교환하는 활동, 제도 그리고 프로세스이다."

《마케팅의 아버지 '필립 코틀러'가 생각한 마케팅이란》

▸ 마케팅은 다른 사람과 함께 가치가 있는 제품과 서비스를 창조하고 제공하며 또한 자유롭게 교환함으로써 개인과 집단이 요구하고 필요로하는 것을 그들이 획득할 수 있도록 하는 사회적 과정이다.

▸ 마케팅이란 타깃 마켓의 니즈를 충족시켜 이익을 얻기 위해 가치를 탐색하고 창조하고 전달하는 과학과 예술이다.

▸ 마케팅이란 조직이나 사회의 목표를 충족시키기 위해 수요의 성격, 규모, 타이밍 등을 조정하는 데 이용되는 도구의 집합이다.

이 밖에도 많은 학자와 단체가 마케팅에 대해 다양한 정의를 내렸지만 '마케팅이란 무엇인가'를 한마디로 정의하기는 어렵다. 마케팅의 정의는 지금도 꾸준히 변화해 나가고 있기 때문이다.

CHAPTER 3

마케팅은 함께 가는 길

Monday

9 am
10
11
12 noon
1 pm
2
3
4
5
6

Tuesday

9 am
10
11
12 noon
1 pm
2
3
4
5
6

WEBTOON
SNS
You Tube
NEW

MARKETING

홍 대리가 마케팅팀에 온 지도 어느새 석 달이 흘렀다.

그동안 하루하루가 어떻게 흘러가는지도 모를 만큼 정신없이 지내왔다. 판촉계획, 채널전략, 본사에 오더(Order), 포캐스트(Forecast), 광고에이전시 미팅, 영업팀과의 미팅, 온라인팀과의 미팅 등 살인적인 스케줄을 소화하며 홍 대리는 최대한 빨리 업무에 적응하기 위해 노력했다.

"홍 대리, 아직 환영회도 못 했지? 이번 분기 마감 겸해서 마케팅팀 회식이나 하지?"

마케팅 본부장의 제안으로 오랜만에 마케팅 본부 전체 회식이 잡혔다. 마케팅 본부의 회식을 어떻게들 알았는지 영업팀에서도 여러 명 참석했다. 하긴 홍 대리도 영업팀에 근무할 때, 마케팅팀이 회식을 한다는 소식을 들으면 웬만하면 참석하려고 노력하곤 했다. 영업팀 입장에서는 마케팅팀의 지원이 있으면 일이 한결 수월해지기 때문이다.

오랜만에 하는 회식 자리여서인지 일찍부터 사람들로 북적거리고 분위기도 화기애애했다.

"어, 홍 대리! 마케팅팀 가고 나서는 얼굴 보기도 힘드네!"

어제도 휴게실에서 마주쳤던 영업팀 박 대리가 너스레를 떨자 홍 대리도 맞받아쳤다.

"박 대리님 왜 이러십니까. 어제도 뵌 걸로 기억하는데, 여기까지 어쩐 일이신지요?"

"아이고, 마케팅팀 홍 대리님~ 왜 그러세요! 저 좀 예쁘게 봐 주세요. 사실, 마케팅팀이 맘에 드는 영업 담당 매출 잘 되게 직접적으로 도와주지는 못하더라도 맘에 안 드는 영업 담당 매출 못 올리게 하기는 쉽잖아요."

익살스러운 표정을 지으며 손바닥을 비비는 박 대리를 보자 웃음이 났지만 사실 웃을 수만은 없는 얘기였다.

마케팅 PM이 유통별 정책이나 전략을 세울 때, 조금만 잘못해도 피해를 보는 유통이 생기기 마련이었다.

만약에 판매수량을 올리겠다고 가격을 낮추어 홈쇼핑에서 판매하게 되면 같은 모델을 판매하는 백화점이나 대리점 채널은 그 모델을 더 이상 팔기 어려운 상황이 되는 것이다. 그리고 만에 하나 마음에 안 드는 영업 담당이 있다면 그 담당 유통에 대한 프로모션 정책을 다른 유통에 비해 약간 보수적으로 해 주고, 반대로 맘에 드는 영업 담당에게는 지원내용을 더 늘려주는 것도 마케팅에서 얼마든지 가능했다.

또 중요한 것은, 마케팅 PM이 유통별 전략과 정책에 따라서 제품 할당에 관여하는 것이었다. 예를 들어, 인기 없는 모델을 처리한다고 홈쇼핑으로 빼거나 그 반대로 인기 있는 모델의 판매량을 더 끌어올리겠다고 홈쇼핑으로 몰아주면 다른 채널들은 그 제품에 대해서 재고를 받지 못하거나 악성재고를 나누어서 떠안아야 했다.

"영업이야 만들어진 물건 열심히 파는 것이 일이라고 하지만, 그래도 강력한 파워를 가진 마케팅이 던진 돌에 영업 개구리는 맞아 죽을 수 있으니 잘 좀 부탁드립니다!"

홍 대리와 평소 좋은 관계를 유지하던 박 대리는 농담 반 진담 반, 뼈 있는 말을 계속 이어갔다. 마케팅이 영업뿐만 아니라 비즈니스 전반에 엄청난 영향력을 미친다는 것을 알아가는 홍 대리는 무거운 책임감이 느껴졌다.

그때였다.

"자, 주목!"

나 이사가 급하게 다른 일정이 생겨 참석하지 못한다는 소식을 전하는 고 부장의 얼굴에 웃음이 넘쳐났다. 본부 회식 자리에서 나 이사가 없을 때 고 부장이 하는 행동은 호랑이 없는 굴에서 여우가 왕 노릇을 하는 것과 똑같았다.

"우리 마케팅팀에 새로 온 홍 대리를 환영해 줘야지!"

고 부장은 맥주잔 가득 소맥을 만들어 홍 대리에게 내밀었다.

"우리 홍 대리만 마실 수 있나? 같은 팀이면 일심동체지. 마신애 씨도 같이 원샷!"

고 부장은 진하게 섞은 다른 폭탄주를 마신애에게도 권했다.

"자, 디카 마케팅 러브샷!"

러브샷 못 해 죽은 귀신이라도 붙은 건지 고 부장은 또 러브샷 타령이었다. 홍 대리와 마신애는 어쩔 수 없이 "디카 마케팅 파이팅!"이라고 외치며 러브샷을 했다.

마신애와 팔짱을 낀 채 술잔을 기울이던 홍 대리는 순간 당황했다.

'마신애 씨가 원래 이렇게 예뻤나? 아니면 내가 벌써 취한 건가?'

긴장한 홍 대리의 얼굴이 붉어졌지만 다행히도 사람들은 술기운 때문이라고 생각했다.

홍 대리와 마신애를 시작으로 고 부장은 제품군별 메인 PM과 보조 PM을 불러다가 차례대로 폭탄주 원샷을 시켰다. 그리고는 갖가지 이유를 달아서 직원들을 두 명씩 짝을 짓고, 계속해서 폭탄주를 마실 것을 강요했다. 분위기는 점점 무르익어갔고 몇 안 되는 여직원들 중에서도 가장 막내인 마신애는 이런저런 이유로 걸려서 하염없이 폭탄주를 마셔대야 했다.

홍 대리는 마신애가 은근히 신경 쓰였다. 같은 팀의 선배로서 자신이라도 마신애를 챙겨야 한다고 생각했다.

"자, 이번에는 영업팀 제일 고참하고 마케팅팀 제일 막내하고 원샷!"

고 부장은 여직원에 대한 배려라고는 손톱만큼도 없이 마신애에게 폭탄주를 계속 먹여댔다. 아니, 어쩌면 마신애가 취하는 것을 즐기는 것 같기도 했다. 하지만 꼭 고 부장만을 탓할 수도 없었다. 마신애도 마치 술이라면 자신있 다는 듯 주는 대로 넙죽넙죽 받아마셨고 오히려 분위기를 부추기는 것처럼 보이기도 했다. 하긴 사소한 것에서도 지기 싫어하는 마신애 성격에 '못 마신다'고 거부하는 일은 절대 없을 테니까.

'저런, 미련 곰탱이!'

남들은 마신애를 여우 같다고 하지만 홍 대리가 보기에 마신애는 미련 곰탱이였다. 똑똑한 척은 다 하면서도 정작 자기 실속은 제대로 못 챙기는 '헛똑똑이'.

드디어 1차 회식자리가 끝이 났다.

누군가가 나서서 2차를 갈 사람들을 모으기 시작했다. 몇몇은 조용히 빠져나갔다. 술에 얼큰히 취한 박 대리가 2차를 가자고 매달렸지만, 홍 대리는 피곤하기도 한 데다 술도 이미 많이 마신 상태라 더 이상 무리하고 싶지 않았다.

"택시!"

밖으로 나오니 마신애가 비틀거리며 택시를 잡고 있었다. 술을 많이 마셨음에도 안 취한 척 애쓰는 기색이 역력했다.

"마신애 씨!"

홍 대리가 마신애를 불렀다.

"내가 택시 잡아줄게요. 밤늦게 여자 혼자 술 취해서 택시 타면 안 돼요. 제가 택시 번호라도 적어둘게요."

"저 안 취했어요~ 헤헤. 괜찮아요, 홍 대리님~."

앗, 마신애가 웃는다. 그녀가 이렇게 환하게 웃는 모습은 처음 본다.

'마신애도 저렇게 웃으니 꽤 예쁘구나.'

홍 대리는 순간 '오늘 자꾸 내가 왜 이러는 거야.' 하면서 생각을 날려버리기 위해 손으로 머리 위를 휘휘 저었다.

"저 소주 한잔만 더 사주세요~ 헤헤, 저 홍 대리님한테 물어볼 게 있어요."

마신애가 한잔 더 하자며 귀엽게 떼를 쓰기 시작했다.

"그러지 말고, 여기 앞에서 커피나 한잔해요."

편의점 앞 파라솔 의자 밑에 마신애를 앉혀 놓고 홍 대리는 얼른 시원한 캔 커피 두 개와 숙취 해소 음료 하나를 사왔다.

"이거 마시고 술 좀 깨면 집에 얼른 들어가요."

홍 대리는 숙취 해소 음료를 따서 마신애의 앞에 놓았다.

"그런데요, 왜 대리님은 부장님한테 따지지 않은 거예요?"

마신애가 음료를 마시다 말고 홍 대리를 똑바로 보면서 물었다. 취했서인지 눈가가 촉촉했다.

"네? 아, 그거요……. 부장님이 메일 보내신 거……."

홍 대리는 그때 일을 다시 떠올렸다.

"저도 화는 났죠. 하지만 부장님이 자기가 알아서 보고했다고 말씀도 하셨고……. 사실 타이밍을 놓친 거죠. 무엇보다 팀장님께 따져봤자 뭐가 달라지겠어요? 따진다고 부장님이 사과하실 분도 아니고 서로 사이만 나빠지지 않겠어요? 그냥 다음에는 그런 일이 생기지 않도록 제가 더 조심하면 되죠."

마신애는 홍 대리의 대답을 듣는 둥 마는 둥 멍하니 정면만 바라보고 있었다. 그러더니 별안간.

"흑……."

갑자기 마신애가 눈물을 흘리기 시작했다.

"저는요, 대리님. 진짜 잘하고 싶었거든요! 제가 어떻게 이 회사에 입사한지 아세요? 요즘 취직하기 진짜 힘든 건 아시죠? 저요, 정말 마케팅이 하고 싶어서 경영학도 전공했고 일부러 대기업 안 가고 우리 회사 지원한 거거든요."

마신애는 울면서 이야기를 했다. 지나가던 사람들이 여자를 울리는 나쁜 남자로 착각한 듯, 홍 대리를 흘겨보기도 했다.

"그런데요……. 지금 하고 있는 이런 일이 정말 마케팅이 맞나 싶고, 부장님도 부하직원에게 일을 가르쳐 주기는커녕, 부하직원 성과나 가로채려고 하고 말이죠. 이런 분위기에서는 제가 할 수 있는 게 하나도 없는 것 같아요. 저는 잘하려고 하는데 다들 저더러 싸가지 없다고 하고, 잘난 척한다고 하고……. 그래서인지 업무 협조도 잘 안 해 주고……."

갑자기 터진 눈물과 하소연에 홍 대리는 난감했다.

하지만 그것은 사실이었다. 회사 내에서 '우리 회사에는 마녀가 두 명 있는데, 한 명은 관리팀에 있고 다른 한 명은 마케팅팀에 있다.'는 우스갯소리가 나돌고 있었다. 관리팀의 마녀는 노희숙 대리였고 마케팅팀의 마녀는 마신애였다.

"마신애 씨, 마신애 씨는 정말로 똑똑하고 일도 잘해요. 그런데, 무슨 일이든 그렇지만 특히 마케팅은 혼자 할 수 있는 일이 거의 없잖아요. 회사 내부나 외부의 누군가와 협력을 해야 일이 제대로 완성이 되죠. 그런 의미에서 마신애 씨는 너무 똑똑하다 보니까 상대방이 그 차이를 극복하기가 참 어려운 사람이기도 해요. 똑똑한 사람이 되기보다 함께 일하고 싶은 사람이 되도록 해 봐요."

그랬다.

마신애가 보기에 홍 대리는 그리 똑똑하지는 않았지만 늘 주변에서 함께 일하고 싶어 하는 사람이었다. 사실 마신애도 자기보다 잘난 척하는 사람과는 일하고 싶지 않았다. 그런 사람과는 서로 부딪치기만 하니까.

하지만 자기보다 똑똑하지 않은 사람과 일할 때 역시 문제가 생겼다. 마신애는 자기가 옳다고 생각하는 것은 반드시 상대방에게 납득을 시켜야 직성이 풀리는 성격이었다. 사람들은 사사건건 따지려 들고 뭐든지 자신이 주도하려고만 하는 마신애와 함께 일하는 것을 불편해했다.

반면에, 홍 대리는 일을 할 때 항상 남을 배려하며 자신의 이익보다 회사의 이익, 전체의 이익을 먼저 생각했다. 홍 대리와 일하는 사람들은 적어도 그가 뒤통수를 칠 사람은 아닐 것 같아서 신뢰하게 된다고 했다. 그렇게 서로 신뢰를 바탕으로 일하다 보면 자연스럽게 업무성과도 좋아졌고, 홍 대리는 업무능력과 함께 인간성까지 인정받게 되었다. 마신애는 처음으로 홍 대리가 경쟁상대가 아닌 진짜 선배처럼 느껴졌다.

마신애가 눈물을 그치고 정신을 차리자, 홍 대리는 택시를 잡아 마신애를 태웠다. 택시번호를 확인하면서 택시 기사에게 '잘 부탁합니다.'라며 인사하는 것도 잊지 않았다.

"요즘 세상이 얼마나 험한데 무슨 여자가 저렇게 용감해? 술을 마시고 혼자 택시를 잡다니, 회식이 끝난 후에는 남자직원이 꼭 택시번호라도 확인해 줘야 한다니까! 자기가 얼마나 예쁜 줄도 모르고 저러고 다니니 쯧쯧쯧……."

멀어져 가는 택시를 바라보면서 혼잣말을 하던 홍 대리는 괜히 민망해졌다.

'내가 방금 뭐라고 한 거야? 아이쿠, 내가 아무리 취했어도 같이 일하는 후배에게 이러면 안 되지, 공과 사는 구분해야지!'

딴생각 하지 말고 일이나 열심히 하자고 생각한 홍 대리는 서둘러 집으로 향했다.

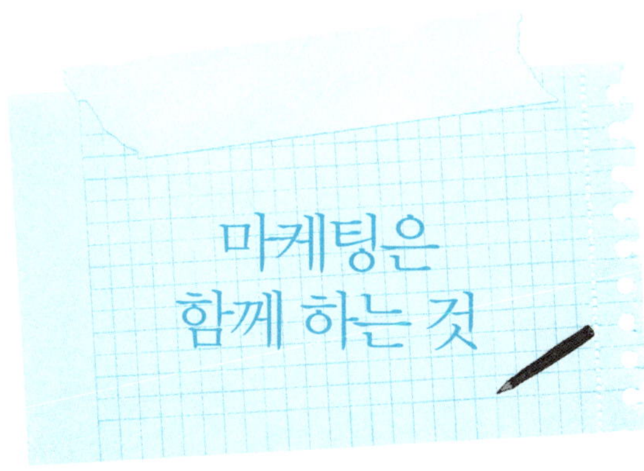

마케팅은 함께 하는 것

다음 날 아침, 마신애는 전날 아무 일도 없었던 것처럼 여전히 홍 대리에게 쌀쌀맞게 굴었다.

'다행이다.'

홍 대리도 그러는 마신애가 차라리 편했다. 갑자기 친한 척을 하거나 가까워지면 그게 더 어색할 것 같았기 때문이다.

며칠 뒤, 마신애가 홍 대리에게 기획안을 하나 쑥 내밀었다.

"대리님, 제가 행사를 하나 기획해봤는데 좀 봐주실래요?"

홍 대리는 순간 당황했다. 뭔가 새로운 것을 기획할 때마다 고 부장이나 나 이사에게 쪼르르 달려가서 자랑하기에 바쁜 마신애가 오늘은 웬일인지 홍 대리에게 먼저 조언을 구한 것이다.

"지난번에 우리 회사까지 찾아온 그 고객 분 있잖아요, 우리 브랜드 디카만 쓰신다던……. 그 일 이후로 곰곰이 생각해봤는데, 만약에 대리점에서 응대를 잘했으면 고객님 불만이 좀 줄었을 것 같아요. 그래서 이번에 대리점을 대상으로 디카 신제품 교육을 할 때, 서비스 본부와 협의해서 고객서비스 교육도 같이 해보면 어떨까 하고 생각했는데, 대리님 의견은 어떠세요?"

"그거 아주 좋은 생각인데요? 대리점 사장님들과 판매사원들 모아서 교육할 기회가 흔치 않으니까 기왕이면 CRM팀에 협조를 받아서 간단한 CRM(Customer Relationship management, 고객관계관리) 교육도 같이 실시하면 어떨까요?"

"네, 그러면 좋겠네요. 제가 일단 서비스 본부와 CRM팀에 업무협조 가능한지 협의해볼게요! 참, 그리고 일정이 된다면 외부 전문가를 섭외해서 '핸드메이드 POP 만들기'도 배워보면 어떨까요? 지난번에 홍 대리님이 마케팅 전략 발표할 때 대리점을 대상으로 핸드메이드 POP 콘테스트를 실시하겠다는 말씀도 하셨잖아요. 그러니 콘테스트 실시하기 전에 간단한 교육을 먼저 진행하는 것도 좋을 것 같아요!"

며칠 전 대화가 효과가 있었던 것일까. 아니면 자기보다 똑똑하지 않은 사람에게도 배울 것이 있다는 것을 깨달은 걸까. 마신애에게서 뭔가 달라진 것이 느껴졌다.

마신애는 대리점 교육안 기획서를 작성하여, 기안자에 자신의 이름을 넣고, 결재란에 홍 대리와 마케팅 팀장을 그리고 최종 결재자로 마케팅 본부장을 넣었다.

기획서를 보고받은 마케팅 본부장은 아주 만족스러워했다.

"마신애 씨, 아주 좋은 생각이야! 대리점을 대상으로 하는 서비스마인드 교육도 아주 좋고 CRM 교육을 기획한 것도 아주 좋아. '핸드메이드 POP 만들기'를 배워보는 것도 대리점의 자체 판촉활동에 큰 도움이 될 거야. 우리 회사가 제품 마케팅을 잘하는 것도 중요하지만 우리 회사뿐만 아니라 판매자인 대리점의 마케팅 능력을 강화해야 진정 진화된 고객 마케팅이 가능하다는 점을 마신애 씨가 제대로 짚어 줬어!"

"네, 본부장님. 홍 대리님도 좋은 의견 주셨고 마케팅 본부와 CRM팀에서도 업무협조를 잘해 주셨어요."

마신애의 이야기를 들은 나 이사의 얼굴에 기분 좋은 미소가 번졌다. 마신애의 입에서 다른 사람에게 공을 돌리는 말은 처음 나왔기 때문이다.

"마신애 씨, 아주 훌륭한 마케터로 성장하고 있어! 이번 사례는 다른 PM들에게도 전달해서 앞으로 제품 교육할 때 대리점의 마케팅 능력을 강화할 수 있는 교육도 함께 실시하도록 해."

칭찬에 인색하기로 유명한 나잘난 이사의 입에서 이렇게 극찬이 나오기는 처음이었다.

"아니, 앞으로 대리점 마케팅 교육 관련해서는 마신애 씨가 마스터 역할을 맡도록 하지. 다른 PM들도 제품 교육 계획 잡을 때는 마신애 씨를 통해서 대리점 마케팅 교육에 관해 협의한 후에 보고하라고 지시해 놓겠네. 각자 준비하면 교육 프로그램이 중복되거나 준비하는 데 효율이 떨어질 수 있으니까 말이야. 마신애 씨가 앞으로 잘 이끌어 가도록! 질문 있나? 질문 없으면 이상!"

마신애는 그렇게 원하던 '중요한 일'을 하게 되어 정말 기뻤다. 자신이 주도하여 혼자의 힘으로 기획하고 진행한 첫 번째 중요한 업무였다. 또한, 혼자서는 절대 할 수 없을 일을 여러 부서의 도움을 받아 성공시킨 첫 번째 성과이기도 했다.

마신애는 자기가 아무리 똑똑해도 혼자서는 할 수 없는 부분이 분명 있다는 것을 깨닫고 겸손해지기로 했다. 혼자서는 결코 멀리 갈 수 없으며 다른 사람과 함께 가는 것이야말로 자신이 그토록 바라는 성공으로 가는 길임을 깨닫게 된 것이다.

신제품 출시 준비

신제품 런칭(Launching, 출시) 목표일이 석 달 앞으로 다가왔다. 처음 런칭하는 제품이라 홍 대리도 긴장이 되었다. 마신애에게도 생애 첫 신제품 출시인 것은 마찬가지였다.

홍 대리는 마신애와 함께 회의를 자주 열어 서로의 생각이나 일정을 공유하면서 신제품 출시 전까지 해야 할 일들을 정리해 보았다.

먼저, 신제품 출시용 광고 계획을 짜고 광고 제작에 필요한 제품 정보와 광고대행사 선정을 위한 참고자료를 만들었다. 그리고 입찰을 통해 광고대행사를 선정했다.

"우리가 이번에 출시하는 제품이 네 가지 컬러의 각각 다른 개성을 강조해서 대학생이나 사회초년생 고객을 타깃으로 하는 거니까 귀여운 콘셉트의 4인조 여성 아이돌 그룹을 광고 모델로 쓰면 어떨까요?"

마신애가 의견을 냈다. 홍 대리도 귀엽고 깜찍한 여성 아이돌 그룹의 삼촌 팬으로서 반대할 이유가 없었다.

이번 광고제작은 마신애가 주축이 되어 진행하기로 했다. 홍 대리는 광고를 포함한 커뮤니케이션 전략, 시장분석에 따른 출시 전략 모두를 통합해서 관리해야 하기 때문이다.

올해 출시될 신제품 라인업은 제품군별로 작년에 이미 계획이 완료된 것이었다. 따라서 이번에 발표되는 신제품은 민 과장이 아시아태평양 지역 본사 담당자로 가기 전에 출시 물량과 가격 등에 대해 예산과 매출목표까지 전체적인 그림은 완성해 놓은 것이었다. 그 당시의 시장환경과 변화가 그리 크지 않아 거의 수정하지 않고 가기로 했다.

마신애는 마케팅팀에 온 후 정말로 해보고 싶었던 일들을 하게 된 덕분인지 누구보다 열정적으로 달려들었다. 마치 즐거워 어찌할 바를 모르겠다는 사람처럼.

"홍 대리님, 제가 자료를 찾아보니까 20대 TV 시청률이 10년 전에 비해서 남자는 54.2% 줄었고 여자는 61.6% 급감했대요. 이번 제품 타깃 고객인 대학생과 사회초년생들은 취업 준비하랴 일하랴 바빠서 TV를 많이 못 본다는 이야기죠. 그리고

TV 공중파 광고는 비용도 너무 많이 드니까, 지하철과 버스 광고, 그리고 젊은 사람들이 많이 모이는 장소 위주의 옥외 광고랑 온라인 광고 위주로 가면 어떨까요? 제가 다 정리해서 커뮤니케이션 전략 자료 만들게요."

마신애는 시키지도 않은 일까지 찾아가며 열심히 일했다. 그녀는 젊은 사람들이 좋아하는 재미있는 웹툰을 이용한 온라인 광고와 페이스북을 이용한 SNS 광고, 그리고 고객들이 직접 참여할 수 있는 이벤트까지 기획했다.

시키지도 않았는데 혼자서 광고대행사와 해외에서 진행되는 광고제작 현장까지 다녀온 마신애는 광고제작 과정을 직접 찍은 동영상을 유튜브에 올려서 신제품에 대한 소비자들의 호기심을 자극하기도 했다.

마신애는 엄청난 업무를 소화하면서도 전혀 힘든 기색이 없었다. '이 맛에 마케팅을 하는구나.'라는 생각이 들 정도로 그녀에겐 환상적인 경험이었기 때문이다.

마신애의 이런 모습을 조용히 지켜보던 나잘난 이사는 신제품 출시를 앞둔 어느 날, 조용히 마신애를 불렀다.

"신제품 출시 준비 잘 되어가지?"

"네, 이사님! 광고제작 완료되어서 내일 신제품 런칭 준비 회의에서 시안 발표할 겁니다. 커뮤니케이션 전략은 제가, 시장분석과 매출목표 등은 홍 대리님이 총괄해서 발표하시고요."

약간은 들뜬 듯한 마신애의 모습에 나 이사가 빙긋이 웃으며 말했다.

"그래, 신제품 출시에 차질 없도록 잘 준비하고! 마신애 씨, 내가 처음 마케팅할 때 경험을 이야기해 줄까?"

갑작스러운 나 이사의 말에 마신애는 깜짝 놀랐다. 하지만 나 이사가 마케팅 직원들을 불러서 격려하는 건 종종 볼 수 있는 일이었다.

"네? 그래주시면 좋죠."

나 이사는 자신의 신입사원 시절, 마신애처럼 처음 신제품 출시를 담당할 때의 이야기를 해 주었다. 마신애는 처음으로 듣는 나 이사의 이야기에 귀를 기울였다.

"내가 처음에 P&Z사 마케팅팀으로 입사했을 때, 사수 선배가 아주 조그만 제품 하나의 담당 PM을 시키더군. 거기 전통은 그랬어. 아예 하나를 통으로 맡기고 좌충우돌하면서 배우게 하는 거지. 물론 신입사원이 맡아서 실패하면 안 되니까 사수 선

배가 전체적으로 가이드를 주긴 하지만 그 제품에 관한 한 A부터 Z까지 온전히 혼자서 해내야 하는 일이었어. 하물며, 그 제품의 브랜드 네이밍, 포장디자인까지도 내가 결정해야 하는 거더군. 나는 어린 마음에 빨리 이 제품을 성공적으로 출시하고 시장에서 성장시키면, 더 중요한 제품을 맡게 될 거라 생각하고 최선을 다했지. 아직도 그때 내가 얼마나 열정적으로 일했는지 잊을 수가 없어. 그럴 필요까지는 없는데도 끝까지 우겨서 TV 광고까지 만들었다니까. 새로운 브랜드를 널리 알려야 한다고 말이야.

드디어 신제품 출시일이 되었어. 나는 온 매장에, 온 세상에 내가 런칭한 제품이 깔리고 사람들에게 알려질 거라 생각하니 며칠 전부터 잠도 못 이룰 정도였지. 이제부터 새로운 세상이 열릴 것 같은 착각마저 들었다니까.

그런데, 어떻게 되었는지 알아?

내 신제품이 출시가 되었는데도 세상은 어제와 하나도 다를 바가 없더군. 매장 한편에 전시되기도 하고 TV에서 아주 가끔 광고가 흘러나와도 내 신제품은 세상에 쏟아져 나오는 수없는 제품들 중 하나에 불과했지. 나 말고는 아무도 관심이 없더라고. 심지어는 그런 광고가 나오는지도 모르는 사람들이 태반이더라니까? 내가 공들여 새롭게 만든 포장에 대해서도 아무도 관심을 가져주지 않았어. 그때 기분을 지금도 잊을 수가 없어.

엄청난 실망감이 밀려오면서 한동안 일에 대한 의욕이 안 생겨서 고생 좀 했지.

마신애 씨, 내가 이런 이야기를 하는 이유는, 지금 마신애 씨의 모습을 보니 마치 그때의 내 모습을 보는 것 같아서야. 마신애 씨도 모든 열정을 쏟아 부은 신제품이 출시되고 나면 나처럼 며칠 앓아누울지도 모른다는 걱정도 되는군. 마신애 씨야 나보다 훨씬 더 능력 있고 씩씩하니까 금방 훌훌 털고 일어나겠지만 말이야! 하하. 내 이야기가 너무 길었지? 괜히 마신애 씨 의욕을 상실하게 한 건가? 그럴 의도는 아니었는데 말야!"

"……."

마신애는 잠시 동안 말이 없었다. 나 이사의 이야기를 들어보니 정말 자신도 신제품이 출시되면 세상이라도 바뀔 듯한 착각에 빠져 있었다는 사실을 깨달았다.

"좋은 말씀 감사합니다. 이사님."

이사실을 빠져나오며 마신애는 생각했다. 부모의 지나친 기대가 도리어 자식을 망칠 수 있는 것처럼, 생애 처음 출시하는 신제품에 대한 애정과 진정성을 갖되 너무 과한 기대는 하지 말아야겠다고.

'아, 그러고 보니 다른 제품들은……?'

마신애는 신제품의 성공적인 출시에만 집중하느라, 이미 시장에 나와 있는 다른 제품에는 전혀 신경을 쓰지 못했다는 것도 깨달았다.

신제품이 출시되면 기존 제품의 소비자 선호도는 떨어지고 광고판촉도 신제품에 집중되어 기존 제품의 매출은 떨어지기 때문에, 이를 위한 대비도 미리 해놓아야 한다. 또한 신제품이 나오는 시점에 시장에서 기존 제품 재고를 많이 가지고 있으면 신제품을 출시하고 유통시키는 데 어려움을 겪게 된다. 그러므로 신제품 출시 전에 시장상황을 분석해서 기존 제품을 단종시키고 신제품에 집중할 것인지, 가격을 낮추어 함께 가져갈 것인지를 결정한 다음에 구제품의 판매 전략도 함께 수립해야 하는 것이다.

마신애는 훌륭한 마케터가 되기 위해서는 당장 눈앞에 보이는 것에 집중하기보다는 중장기적으로 큰 그림을 바라볼 수 있는 안목이 필요하다는 것을 배우게 되었다.

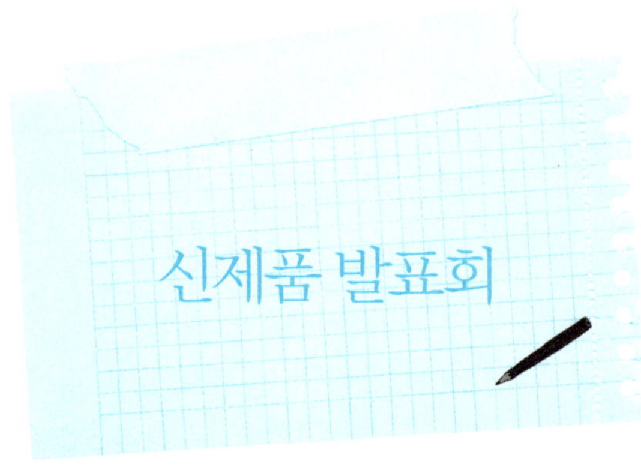

신제품 발표회

신제품 발표회를 앞두고 마신애는 잔뜩 긴장해 있었다. 언론사 기자 등 많은 손님들을 초청한 신제품 발표회의 사회를 보기로 되어 있었기 때문이다.

서울시내 유명호텔에서 열리는 신제품 발표회는 총 2부로 구성하여 1부는 점심에 언론사 기자들을 대상으로, 2부는 저녁에 VIP 고객과 파워블로거를 대상으로 진행하기로 계획했다.

이번 신제품은 본사 사정으로 인해 당초 계획보다 출시가 늦어진 만큼 이를 만회하기 위한 화려한 무대와 이벤트를 중심으로 기획했다. 언론에서 신제품 출시 지연에 대하여 좋지 않은 평을 내놓고 있었기 때문이었다. 홍보대행사와 광고대행사는 물론이고 회사의 대표와 임원들까지 총출동되어 행사가 진행되었다.

사회를 맡은 마신애는 분위기에 맞추어 화려하게 차려 입었다. 신제품에 대한 발표를 해야 할 홍 대리도 정장을 제대로 갖춰 입었다. 홍 대리는 살짝 긴장이 되어 발표내용을 다시 상기하며 무대 주변을 서성거렸다.

"이러고 보니, 선남선녀가 따로 없네!'

오가는 사람마다 홍 대리와 마신애의 모습에 감탄사를 연발했다. 무엇보다 두 사람이 최선을 다해 열심히 일하는 과정을 지켜본 사람들인지라 마음의 응원을 보내고 있었다.

마신애는 오늘따라 홍 대리가 유난히 멋져 보이는 이유가 무엇인지 도무지 알 수 없었다.

신제품 발표회는 비교적 무난하게 막을 내렸다. 꼬장꼬장하기로 유명한 한 언론사 기자가 자신이 카메라 전문가라며 경쟁사의 제품과 조목조목 비교해서 장단점을 분석하고 그에 대한 대응책을 물어보는 질문을 한 것 외에는 대체로 호의적인 반응이었다.

저녁에 시작된 2부 행사는 VIP 고객과 파워블로거를 대상으로 한 발표회라 오전의 기자초청 간담회보다는 훨씬 더 자유로운 분위기로 진행되었다. VIP고객들과 파워블로거들은 직접 카메라를 이용해서 사진도 찍어보고 행사장의 내용을 즉석에서 블로그에 올리기도 하였다. SNS를 이용하여 현장 소식을 전하는 사람도 있었다. 신제품 발표와 관련된 기사는 발표회 당일 석간신문과 인터넷 뉴스부터 올라가기 시작했다. 그중에는 물론 홍 대리의 인터뷰 기사도 있었다.

"파인애플코리아의 디지털카메라 마케팅 담당인 홍 대리는 이번에 출시된 디지털카메라의 최대 장점인……."

다음 날 아침 마신애는 홍 대리의 인터뷰 기사를 소리 내어 읽어주었다. 홍 대리는 쑥스러워서 허허 웃었다. 마신애는 관련 기사를 찾아 모두 스크랩했다. 물론 마신애가 따로 하지 않아도 홍보팀에서 회사나 제품, 업계와 관련된 기사 모두를 스크랩하여 인트라넷에 올리겠지만, 생애 첫 신제품 발표회이니만큼 마신애는 별도로 직접 스크랩을 하고 싶었다.

그런데 기사 사진에서 당당한 모습으로 활짝 웃고 있는 홍 대리가(아주 조금은!) 멋있게 보이는 게 아닌가.

'어제는 차려 입어서 그런지 좀 괜찮더니만 오늘은 또 저게

뭐람?'

행사가 끝났다고 머리도 안 빗은 듯한 모습으로 편하게 허허 웃고 있는 홍 대리는 누가 봐도 그냥 옆집 아저씨 이상도 이하도 아니었다.

"어, 여기 마신애 씨도 있는데요?"

파워블로거들의 블로그를 모니터링하던 홍 대리가 말했다.

한 파워블로거가 신제품 발표회 행사 장면을 실시간으로 올린 내용을 보니 마신애의 커다란 사진 밑에 '파인애플코리아 디지털카메라 마케팅 담당자 마신애 님의 눈부신 외모'라는 설명 밑에 '딱 내 스타일! 사실 이분 때문에 이번 디지털카메라 발표회는 완전 망쳤음. 제품 설명 안 듣고 다들 이분만 쳐다봄! ^^' 이라고 쓰여 있었다.

"아이 참, 이 블로거는 신제품 이야기는 안 쓰고 이게 뭐람?"

마신애는 속상한 척 말했지만 은근히 기분이 좋아보였다.

"괜찮아요. 요즘 블로그는 제품 이야기만 하면 재미 없어서 사람들이 안 읽어요. 오히려 이런 스토리텔링이 우리 제품에 관심을 가지게 하는 데 더 효과적일 수도 있어요. 마신애 씨 덕분에 우리 신제품 발표회 이야기 조회수가 엄청나게 올라가고 있어요! 그런데 '눈부신 외모, 딱 내 스타일'은 좀……."

홍 대리는 짓궂게 웃으면서 마신애를 놀렸다. 하지만 마음

속에는 다른 생각이 꿈틀대고 있었다.

'아~ 이 파워블로거, 앞으로는 신제품 발표회에 부르지 말아야지. 마신애 씨를 마음에 두다니 말이야, 위험인물이야!'

온라인 고객 불만사항

"어, 근데 이건 뭐죠? '파인애플코리아'와 '디카'를 키워드로 검색을 해봤더니 어제 신제품 발표회 내용보다 먼저 뜨는 내용이, 몇 년 전에 작성된 서비스 불만에 관한 글이에요."

신제품 발표와 관련된 기사와 블로그에 대한 홍보 결과 보고서를 작성 중이던 마신애가 말했다.

홍 대리가 다가가 살펴보니, 오래 전 한 블로그에서 작성된 서비스 불만에 관한 내용이 검색 결과 최상위에 올라와 있는 것 아닌가.

파인애플코리아 서비스 완전 엉망임! 파인애플 디카를 샀는데 3일 만에 고장나서 고객센터에 전화했더니 고객 과실이라고 환불 불가하다고 함. 서비스센터를 직접 찾아가니 역시나 고객 과실이라고 환불 안 된다고 함. 보증 기간 내니까 수리라도 해달라고 했더니 고객 과실로 파손된 부분은 무상 수리가 안 된다고 함. 액정 하나 바꾸는데 뭐가 이렇게 비싸냐? 다른 회사 디카 하나 더 사는 값이다. 이럴 줄 알았으면 절대로 이 제품 안 사는 건데, 후회막심이다.

다소 부정확한 내용이지만 어찌됐건 긍정적인 내용이 아닌 것만은 확실했다. 그 밑으로 달린 댓글을 보니 더 가관이었다.

→ 파인애플 제품 나는 다시는 안 삼. 우리 집에 그 회사 TV 있는데 고장 나서 부품 교환했더니 지금 새 TV 사는 것보다 부품 교체 가격이 더 비쌈.

→ 우리 엄마는 그래도 외제가 좋다고 계속 외산 가전만 쓰다가 요즘은 국내 대기업 걸로 바꿨어요. 지난번에 TV 고장 나서 파인애플코리아 서비스 기사 부른 적 있었는데 기사 아저씨 양말에 구멍이 나 있고 발 냄새도 엄청 심하더라고요!

→ 맞아요. 서비스는 국내 우주전자가 최고죠. 가격도 저렴하고 서비스도 좋은데 뭣 때문에 굳이 외제를 사겠어요?

→ 맞다. 이런 기업의 제품은 안 쓰는 것이 애국하는 길이다.

어떤 댓글에는 차마 입에도 담기 힘든 욕설이 난무하고 있었다.

블로그 내용을 파악한 마신애가 상황을 다시 정리한 후 말했다.

“아마 어떤 고객이 자신의 과실로 액정을 깼나 봐요. 그걸 환불해 주거나 무상수리를 해 달라고 했으니 당연히 안 된다고 했겠죠. 구입한 지 한 달 이내에 발생한 초도불량은 고객의 요구에 따라 환불이나 교환이 가능하고 제품 불량에 대해서는 일 년 이내에 무상서비스가 가능하지만 고객 과실로 인한 파손은 환불이나 교환, 무상서비스의 대상이 아니죠. 그런 내용을 이렇게 애매하게 서비스 정책이 잘못된 것처럼 개인 블로그에 올려놓았으니. 참 이게 그렇다고 완전히 거짓말인 것도 아니고…….”

홍 대리도 일부 내용은 인정할 수밖에 없었다.

“안타깝지만 댓글 내용도 일부는 사실이에요. IT제품이 워낙 급속하게 발전하다 보니 가격도 급격히 하락하지만, 오래 전에 출시된 제품의 부품은 비싼 경우가 많아요. 거기다가 우리 TV 제품은 어찌나 튼튼하게 잘 만들었는지 10년째 보고 있는 고객도 있다고요. 그런데 만약 10년 전에 산 TV의 부품을 교체하려고 하면 구하기도 힘들뿐더러 가격도 너무 비싸서 요즘 싼 TV 하나 구입하는 가격이랑 거의 맞먹을 때도 있죠.”

홍 대리도 속상한 일이었지만 고객이 거짓말을 하거나 허위사실을 이야기한 건 아니었다.

“어쩌지? 누적 조회 수가 너무 많아서 검색 결과에서 지우긴 힘들 것 같은데…….”

홍 대리는 우선 검색사이트를 운영하는 기업의 담당자에게 전화를 걸어 사실대로 사정을 설명하고 해결책이 없는지 문의를 했다. 검색사이트에서는 욕설은 삭제할 수 있지만, 블로그 내용 자체를 삭제하는 것은 불가능하다는 답변이 돌아왔다.

"할 수 없지, 뭐. 정기적으로 계속 모니터링하면서 좋은 내용이 더 많이 검색되도록 온라인마케팅을 실시하는 수밖에. 그러다 보면 언젠가는 순위 밖으로 밀려서 사라지게 될 거야."

홍 대리는 현재의 상황을 그대로 보고하기로 했다. 문제 상황을 감추기만 한다고 해서 해결되는 일은 아니라고 생각했기 때문이다.

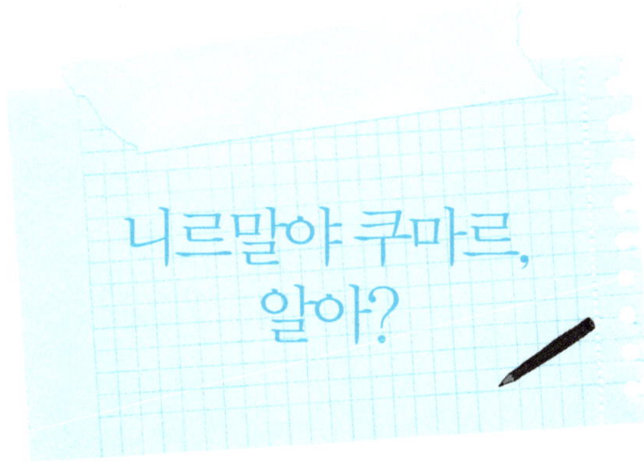

니르말야 쿠마르, 알아?

"음, 그래? 그래서 홍 대리의 의견은 뭔가?"

보고를 받은 나 이사는 의외로 담담하게 물었다.

"좀 전에 보고 드린 대로, 정기적으로 모니터링을 하면서 온라인 마케팅 활동을 강화하겠습니다. 그리고 긍정적인 내용이 많이 노출되어 자연스럽게 부정적인 내용을 밀어내도록……."

나 이사가 갑자기 소리를 지르며 홍 대리의 대답을 막았다.

"그것 가지고 되겠어? 아까 보고한 내용 보니까 서비스 기사 양말에 구멍이 났다는 이야기까지 있던데?"

"네?"

홍 대리는 이럴 때마다 나 이사에 대해 떠도는 소문이 사실일지도 모른다는 생각이 들었다. 직원들은 나 이사가 은근히 변태 기질이 있다며 부하직원이 당황하는 것을 즐긴다고 했다. 또나 이사가 날씨에 민감하다는 얘기도 있어서, 날씨와 나 이사의 기분을 잘 맞춰보고 기왕이면 둘 다 컨디션이 괜찮아 보이는 날에 보고 일정을 잡곤 했다.

당황해 하는 홍 대리에게 나 이사가 이어 말했다.

"니르말야 쿠마르(Nirmalya Kumar)라는 분, 누군지 알아?"

오늘은 날씨도 좋은데 나 이사가 왜 이리 빙빙 돌려대는지 홍 대리는 어지러울 지경이었다.

"아, 아니요. 죄송합니다."

"홍 대리도 책 좀 읽어! 아무리 회사 일이 바빠도 말이야, 좋은 책이 얼마나 많은데! 실제 글로벌 기업에서 일어나는 마케팅의 실무를 소설처럼 쉽게 가르쳐 주는 『마케팅 천재가 된 홍 대리』라는 책도 얼마 전에 나왔던데 마케팅을 하는 사람이라면 그 정도는 기본적으로 읽어야 하는 거라고! 어쨌건, 좀 전에 말한 그분은 런던대학의 마케팅 연구센터 소장이야. 이제 알겠어?"

"아, 네…… 아니, 아니요?!"

홍 대리는 알겠다고 대답해야 할지 모른다고 대답해야 할지 몰라 갈팡질팡했다.

"그분이 아주 훌륭한 말씀을 하셨지. CEO에서 사원까지 마케팅에 집중하라고! 이게 무슨 말인지 알아?"

"그게……."

"자, 그게 오늘의 숙제야! CEO부터 사원까지 마케팅에 집중하기!"

어안이 벙벙한 채로 서 있는 홍 대리에게 나 이사가 씩 웃으면서 말했다.

"너무 어려운가? 그러면 조금 힌트를 주지. 방문서비스 기사가 마케팅에 집중하려면 어떻게 해야 할까? 그리 어렵게만 생각할 일은 아니지. 일단 양말을 구멍이 안 난 것으로 신고, 발 냄새가 안 나게 잘 씻고 다니면 그것만으로도 마케팅을 향상시킬 수 있겠군. 그렇지 않나? 그걸 잘 생각해보면 답이 나올 것이다. 이상! 질문은 생략! 나가봐!"

파워블로거의 비밀

아무리 생각해도 숙제가 뭔지조차 알 수 없었다.

'서비스 본부에 연락해서 서비스 기사들이 방문을 할 때 발 잘 씻고 깨끗한 양말을 신고 다니게 하라고 전달하면 되나?'

우선 홍 대리는 어떻게 하면 온라인 사이트에서 부정적인 내용을 뒤로 밀어낼 수 있는지 고민을 하면서 다른 블로그 중에 내세울 만한 긍정적인 내용은 없는지 살펴보았다. 수십 개의 블로그를 방문해서 꼼꼼하게 읽어 보던 홍 대리가 중얼거렸다.

"와, 이 사람은 정말 카메라 전문가인가 봐."

한 디지털카메라 관련 블로그에 많은 사람들이 파인애플 브랜드 제품을 비롯하여 경쟁사 제품에 관해서도 질문을 올린 것이 눈에 띄였다.

블로그 주인장은 주로 카메라의 기술적인 부분을 쉽게 설명하면서도 사진을 잘 찍는 다양한 방법에 대해서 재미있게 설명해 주고 있었다.

'예쁜 셀카 찍는 법', '키 커 보이게 찍는 요령', '다리 날씬해 보이는 사진의 비밀', '아이들 사진 찍을 때 주의사항', '비 오는 날은 이렇게 찍으면 분위기 대박!' 등의 내용을 블로그 방문객의 질문과 요청에 맞춰 올리고 있었다. 그런데 그가 언급하는 제품은 대부분 파인애플 브랜드의 제품이었다.

블로그에 있는 글을 다 읽어봐도 주로 파인애플 제품에 관한 이야기가 많았고 경쟁사 제품과 비교할 때는 '좋은 점은 좋다, 나쁜 점은 나쁘다'라고 솔직하게 평가하고 있었다.

딱히 파인애플 제품에 대해서만 광고를 하는 것은 아니었지만, 사진을 잘 찍는 방법을 이야기할 때면 꼭 파인애플 디지털 카메라를 어떻게 사용하면 되는지를 같이 설명하고 있었다. 아마도 이 블로그를 방문한 사람들은 누구나 파인애플 제품에 대한 호감을 가지게 될 것 같았다.

'우리 브랜드 충성 고객인가?'

홍 대리는 이 블로그를 검색 순위의 상위로 올려야겠다고 마음먹었다.

'그런데 어떻게?'

일단 홍 대리는 블로그 주인장에게 우리 브랜드의 최신 제품을 협찬해 주고 우리 제품을 이용하여 더 활발한 홍보 활동을 해달라고 부탁해보는 게 좋겠다는 판단이 들었다. 홍 대리는 블로그 주인장에게 메일을 보냈다. 제품에 대한 협찬을 제안하는 내용이었다. 그러나 며칠 뒤 돌아온 답장은 의외로 거절의 내용이었다.

저는 이미 귀사의 디지털카메라를 소유하고 있습니다. 제안해 주신 내용은 감사하지만, 저는 그냥 편안하게 제가 쓰고 싶은 내용을 쓰면서 블로그를 운영하는 것이 좋습니다.

홍 대리는 자발적으로 즐겁게 운영하고 있는 블로그의 주인장을 상업적으로 이용하려 했다는 생각에 미안한 마음이 들었다. 홍 대리는 다시 정중하게 메일을 썼다.

불편을 드렸다면 정말 죄송합니다. 저는 파인애플코리아의 마케팅 담당자로서가 아니라 주인장님 블로그의 열혈 독자로 남겠습니다!

며칠 후, 홍 대리에게 한 통의 전화가 걸려왔다.

“저기……. 저, 디지털카메라 블로그 주인장인데요…….”

“아, 네, 네! 안녕하세요?”

홍 대리는 너무나 반가워서 거의 소리를 지르듯이 인사를 했다. 그러나 블로그 주인장이라는 사람은 머뭇거리면서 말을 잇지 못하고 있었다.

“제가 직접 찾아뵙고 말씀을 드려도 될까요?”

블로그 주인장은 어렵게 입을 떼었다. 홍 대리는 기쁜 마음에 들떠서 말했다.

“그럼요, 당연하죠! 저희 사무실 위치는 아세요? 편하신 시간과 장소 말씀해 주시면 제가 그쪽으로 갈 수도 있는데요!”

블로그 주인장은 무척 조심스러운 말투로 다시 말했다.

“아닙니다. 내일 오후에 시간 괜찮으시면 제가 사무실로 찾아뵙겠습니다.”

“네, 그러시죠. 기다리고 있겠습니다.”

홍 대리는 드디어 블로그 주인장을 만난다는 생각에 마치 소개팅을 나가는 것처럼 가슴이 두근거렸다.

유레카!

다음 날, 오후 홍 대리 자리로 누군가가 찾아왔다. 처음 보는 얼굴이었다.

"안녕하세요? 저는 서비스 본부의 하성욱 과장이라고 합니다."

블로그 주인장의 연락만 오매불망 기다리고 있던 홍 대리는 약간 실망했다.

"네, 안녕하세요? 그런데 무슨 일로?"

홍 대리는 자리에서 일어서며 물었다. 하 과장은 어물거리면서 말을 잇지 못하고 있었다.

"사실은 그게…… 블로그…… 주인장……."

그러고 보니 어제 통화한 블로그 주인장과 홍 대리 앞에 서 있는 하 과장이 비슷한 말투를 쓰고 있었다.

홍 대리는 상황을 파악하고 얼른 빈 회의실로 하 과장을 안내했다. 음료수를 뽑아 와서 하 과장이 이야기를 시작하기를 기다리고 있는 홍 대리의 눈빛에는 기대감이 잔뜩 묻어 있었다.

"사실은 제가 그 블로그의 주인장입니다. 그런데, 저는 보시다시피 파인애플코리아 서비스 본부의 직원입니다. 지금은 서비스 본부에서 디지털카메라 수리를 담당하고 있어요."

"그러세요? 정말 반갑습니다!"

홍 대리는 자신도 모르게 하 과장의 손을 덥석 잡았다.

"어느새 디지털카메라 수리하는 일만 10년이 넘게 해서 아는 것이라고는 디지털카메라밖에 없어요. 그래서 개인 블로그를 통해서 디지털카메라와 관련된 내용을 하나씩 쓰기 시작했는데, 그게 꽤 도움이 된다며 방문객이 많이 몰려오면서 포털사이트에서 선정한 우수 블로거 상도 여러 번 받았어요."

홍 대리는 하 과장의 이야기를 들으면서도 왜 그가 마치 죄라도 지은 사람처럼 기죽어 있는지 이해할 수가 없었다. 하 과장은 말을 이어나갔다.

"사실 저는 다른 경쟁사의 제품도 거의 다 가지고 있긴 하지만, 기왕이면 우리 회사 제품이 홍보되는 게 좋아서 웬만하면 우리 회사 제품을 이용해 글을 쓰고 있어요. 하지만, 제가 우리 회사의 직원이긴 하지만 또 블로거의 주인장으로서 객관성을 지켜야 하는 입장이거든요. 그래서 경쟁사 제품의 좋은 점과 우리 제품의 부족한 점도 사실대로 말해 주고 있습니다. 그렇긴 해도…… 아무래도 우리 제품의 부족한 점을 이야기할 때는 제가 잘 아는 전문 분야이다 보니, 가능하면 그 부족한 점을 보완할 수 있는 기술도 같이 알려주게 되더군요."

"네, 그러시군요. 정말 대단하세요! 하 과장님이야말로 정말로 진정한 마케팅을 하고 계시네요!"

홍 대리는 감탄했다. 하 과장은 불안한 듯 말을 이었다.

"그런데, 블로그 주인장인 제가 이 회사에 다닌다는 것을 방문객들이 알게 되면 내용의 객관성을 의심하지 않을까 걱정이 되고, 또 회사에서는 제가 다른 경쟁사 제품도 사용하고 경쟁사의 장점도 홍보한다는 사실을 알게 될까 걱정이 많이 되네요. 저는 그냥 블로그 주인장으로 묻혀서 살고 싶었는데, 홍 대리님의 연락을 받고 깜짝 놀랐습니다."

홍 대리는 이제야 하 과장이 왜 불안해하는지 그 이유를 알 것 같았다. 순진한 하 과장은 자신의 블로그 활동이 혹시 회사에 누가 될까, 자신이 이 회사의 직원이라는 사실이 블로그 방문객들에게 실망을 주지는 않을까 걱정하고 있었던 것이다.

홍 대리는 하 과장이 진심으로 블로그 방문객과 회사를 사랑한다는 것을 느낄 수 있었다.

"과장님, 과장님의 블로그 내용은 디지털카메라에 대한 객관적인 사실과 방문객들이 필요로 하는 유익한 내용만을 담고 있으니, 블로그 주인장의 직업이 방문객들에게 그리 중요한 사안은 아닐 것 같아요. 그리고 아마 방문객들도 과장님이 디지털카메라 업계에 종사하는 전문가라는 것쯤은 눈치채고 있을 걸요? 저도 처음에 블로그를 딱 보자마자 '이 정도 내공이라면 관련 업계에 종사하는 전문가 중의 전문가일 것이다.'라고 생각했거든요.

그런데도 한 브랜드에 치우치지 않고 객관적으로 비교해 주시고, 또 사진을 잘 찍기 위한 방법을 총망라해서 설명해 놓았기 때문에 과장님이 우리 회사에 다니신다는 사실을 방문객들이 알아도 아무 문제가 없을 거라고 생각해요. 아마 사실대로 공개하셔도 계속 신뢰를 얻으실 수 있을 거예요!"

하 과장은 어리둥절한 표정으로 홍 대리를 바라보고 있었다.

"그리고, 우리 회사 입장에서 보면 과장님께서는 마케팅 팀원인 저도 못 하는 진정한 마케팅 활동을 하고 계신 거예요. 과장님이 경쟁사 제품도 함께 사용하고 홍보한다고 해도, 과장님이 운영하고 있는 블로그만큼 우리 제품의 가치를 고객에게 잘 전달하고 있는 곳은 없어요. 오히려 당당하게 회사의 지원을 받아 활동을 하셔도 될 정도인 걸요! 물론, 과장님께서는 이미 그걸 거부하셨지만 말이에요. 하하."

홍 대리는 하 과장이 진심으로 존경스러웠다.

하 과장이 돌아간 후 홍 대리는 깊은 생각에 잠겼다.

과연 하 과장은 무엇 때문에 그렇게 열심히 블로그 활동을 하게 됐을까? 또한 그 블로그를 통해 고객이 얻는 것은 무엇이고 회사가 얻는 것은 무엇일까?

'아, 그거다!'

순간적으로 무언가를 번뜩 깨달은 홍 대리는, 아르키메데스가 욕실에서 벌거벗은 채 뛰어나가며 소리쳤던 '유레카'를 외칠 뻔했다.

마침내, 나 이사의 숙제를 풀 수 있는 열쇠를 찾은 것이다.

CEO부터 사원까지 마케팅에 집중하라

홍 대리는 'CEO부터 사원까지 마케팅에 집중하라'는 나 이사의 숙제에 대한 답을 찾은 것 같았다. 그것은 각자 맡은 자리에서 자신이 잘하거나 개선할 수 있는 부분을 찾아서 마케팅에 도움이 되는 활동을 하는 것이다.

'마케팅'은 사실 그리 거창하게 생각할 필요가 없는 것이었다. 자신의 위치에서 '고객의 가치'를 향상시킬 수 있다면 어떤 방법이라도 상관없었다.

방문 서비스 기사는 양말을 비롯한 옷매무새를 단정히 하여 고객에게 신뢰감을 줌으로써 가치를 전달할 수 있다. 전화를 받는 직원들은 친절한 말투와 태도로 고객을 만족시키면 된다. 하 과장은 자신의 전문분야인 디지털카메라 관련 블로그를 운영하면서 제품을 활용하여 고객의 가치를 향상시키고 있다.

모든 직원이 자신의 업무에서 한 가지씩이라도 마케팅 활동을 찾는다면 그 가치는 엄청나게 늘어날 것이다.

"드디어 답을 찾았군."

홍 대리의 이야기를 들은 나 이사는 만족스러운 표정이었다.

"그래, 그럼 어떻게 해야 CEO부터 사원까지 마케팅에 집중할 수 있을까?"

홍 대리는 전 직원이 각자 한 가지씩 '고객의 가치'를 올릴 수 있는 방법을 찾아 목표를 정하고 실천하게 하는 캠페인을 벌이자는 의견을 냈다.

"그거 좋은 생각이야. 다음 주까지 기획서 한번 잘 만들어봐. 사장님께 보고하고 전 사원 대상의 캠페인으로 진행할 수 있도록 말이지. 사장님도 동참해서 마케팅에 집중하시도록 도와 드려야 하지 않겠어?"

홍 대리의 기획안은 회사 내에서 엄청난 파장을 불러일으

켰다. CEO가 직접 챙기고 목표 달성자에게 포상을 하겠다고 선언함으로써 –그게 CEO가 직접 정한 '고객의 가치'를 올리는 자신의 실천방법이었다– 전 직원들은 '작은 변화로 마케팅에 집중할 수 있는 방법'을 고민하기에 이르렀다.

한 고객센터 직원은 '담배를 끊겠다. 고객에게 더 건강하고 아름다운 목소리로 응대하기 위해서.'라는 원대한 목표를 세워서 많은 이들의 응원을 받았다. 한 영업직원은 '전 직원이 영업사원처럼 지인들에게 제품을 직접 팔게 하고 그에 따른 판매수당을 지급하자.'라고 의견을 내었다가 많은 지탄을 받았다.

하 과장은 여전히 온라인상에서는 유명 블로거로서 이름을 날렸고, 사내에서는 '블로그 마케팅'을 주제로 한 마케팅 강사로 활약하기 시작했다.

제안이 무엇이든지 간에, 이 캠페인을 계기로 전 직원이 자신의 위치에서 고객에게 가치를 전달할 수 있는 마케팅이 무엇인지 고민하게 되었다. 이를 통해 모든 직원들은 자신이 '한 명의 마케터'라는 자부심과 '마케팅 마인드'를 갖게 된 것이었다.

언제나 그렇듯, 전 사원 대상의 캠페인에는 불만을 가지는 이들도 생기기 마련이었다. 주로 '누가 이런 쓸데없는 걸 만들어서 나를 귀찮고 힘들게 하나?' 같은 부정적인 마인드를 지닌 사람들이었다.

이 기획안을 통해 홍 대리는 마케터로서 인정을 받긴 했지만, 이번 일에 아무런 역할을 하지 못한 고장수 부장과 기존 마케팅 팀 일부 직원들에게는 더더욱 미운털이 박히는 계기가 되었다.

전사적 마케팅의 중요성

"마케팅은 너무 중요해서 마케팅 부서에만 맡겨둘 수 없다."

휴렛패커드의 공동 설립자인 데이비드 패커드(David Packard)가 한 말이다. 그는 "기업이 세계에서 가장 훌륭한 마케팅 부서를 보유할지라도, 다른 부서들이 고객 이익에 부합하는 데 실패하면 여전히 마케팅에 실패할 수밖에 없다."라며 전사적 마케팅의 중요성을 강조했다.

세계적인 마케팅 전문가 니르말야 쿠마르(Nirmalya Kumar)는 그의 저서 『CEO부터 사원까지 마케팅에 집중하라』에서 다음과 같은 내용을 예로 들어 현재 기업이 처한 마케팅의 위기를 설명했다.

▸ 신제품 중 80%가 시장에 나오자마자 소비자의 머릿속에서 사라진다.

▸ 1회 광고비용이 200만 달러나 드는 슈퍼볼 광고의 3분의 2는 아무도 기억하지 못한다.

▸ 대량으로 발송되는 광고성 메일에 대해 평균 1~2%의 소비자만이 반응을 보인다.

▸ 영업사원이 10명의 잠재고객에게 전화를 하면, 그 중 8명은 전화를 끊어버린다.

그는 급변하는 기업 환경 속에서 제품을 만들어 팔고, 유통시키고, 가격할인이나 쿠폰 이벤트로 프로모션 하는 것을 마케팅의 전부라고 여기던 기존의 사고방식을 유지한다면, 소비자들의 머릿속에서 사라지는 80%의 기업으로 전락해버릴 수 있다고 경고한다. 20%의 승자가 되려는 이 시대의 마케터와 최고경영자들은 새로운 마케팅 실행 전략으로 갈아타야 한다는 것이다.

"마케팅 부서가 기업은 아니다. 하지만 기업 전체가 마케팅 부서처럼 일해야 한다."는 그의 말처럼 마케팅뿐만 아니라 모든 활동을 고객의 가치에 초점을 두고 실행하는 기업만이 성공할 수 있다.

HOW?

CHAPTER **4**

마케팅의 정답

WEBTOON
SNS
You Tube
NEW

MARKETING

구 팀장의 퇴사

"그 이야기 들었어? 구수한 팀장님이 회사에서 징계를 받는대!"

"뭐라고? 그게 무슨 소리야?"

내년 매출 목표와 예산 설정을 위해 정신없이 작업 중이던 홍 대리는 박 대리의 말에 어이없어 하며 되물었다.

"글쎄 말이야, 우리 영업팀에서도 믿기 힘들다는 분위기야. 고지식하기로 유명한 구 팀장님이 대리점에서 뇌물이랑 접대를 받았다니, 이게 말이 돼?"

홍 대리는 다급한 마음에 관리 부서의 현 부장을 찾아갔다. 현 부장은 사내에서 일어나는 일에 대해서 모르는 것이 없는 마당발이었고, 회사 내에서 발생하는 컴플라이언스(Compliance,

규정) 위반 사례에 대해서 진위여부를 밝히고 처벌의 수위를 정하는 징계위원회의 일원이었기 때문이다.

"음……. 아무리 홍 대리라지만, 자세한 이야기는 해 줄 수 없어. 내가 말해줄 수 있는 거라곤, 외부에서 구 팀장의 규정 위반 사례에 대한 제보가 들어왔다는 거랑 조사 뒤에 정확한 처벌 수위가 정해질 거란 사실뿐이야."

홍 대리는 현 부장에게서 많은 정보를 들을 수는 없었지만, 급속하게 퍼지는 소문을 통해 대략적인 상황은 짐작할 수 있었다.

구 팀장이 평소 친하게 지내는 대리점 사장에게 술 접대를 받고, 그곳에만 인기 제품의 재고를 몰아줬다는 것이었다. 이 때문에 재고를 받지 못해 화가 난 경쟁 대리점 측에서 구 팀장을 본사에 제보했다는 설이 가장 우세했다.

두 대리점 모두 홍 대리가 영업팀에 있을 때 담당하던 곳이었다. 홍 대리가 마케팅팀으로 옮긴 이후, 영업 팀장인 구 팀장이 임시로 담당을 겸하던 곳이기도 했다.

"그럴 리가 없어."

홍 대리는 퇴근하는 길에 문제의 대리점을 찾아갔다. 혹시라

도 구 팀장에게 도움이 될 방법을 찾을 수 있지 않을까 하는 간절한 마음에서였다. 하지만 대리점 사장도 본사 소식을 듣고 난감해하고 있기는 마찬가지였다.

"잘나가는 재고를 몰아주기는 뭘! 그게 아니고 원래부터 저쪽이, 그러니까 본사에 제보했다는 거기 말이야. 그 대리점보다 우리 매출이 항상 높으니까 당연히 재고를 많이 받잖아. 저쪽은 그게 늘 불만이었지. 열심히 장사할 생각은 안 하고 만날 우리 가게 때문에 장사 안된다며 여기저기 험담하고 다녔잖아. 그건 홍 대리도 잘 알 거야."

대리점 사장은 홍 대리에게 하소연을 했다.

"그런데 이번에 들어온 XYZ500 모델의 수량이 워낙에 처음부터 부족했잖아. 지금이 성수기인 데다가 하이랜드 행사도 겹치면서 우선 그쪽으로 재고가 왕창 들어갔다며? 남은 재고 가지고 대리점별로 할당하면 대리점당 한두 대씩 들어올까 말까인데……. 그런데 최근에 마케팅팀에서 CRM 교육 해준 이후로 구 팀장이 우리 대리점에서 CRM 행사를 한번 기획해 보라는 거야. 마침 그동안 모아놓은 고객 데이터를 싹 정리한 김에 CRM 특판 행사를 열기로 했지. 그런데, 행사 하면서 정작 제품이 부족하면 안 되잖아? 그래서 구 팀장이 우리 대리점에 조금 더 챙겨준 거야. 그러다 보니 저쪽은 XYZ500 모델을 하나도 받지 못했는데 우리 집은 행사까지 하니까 발끈해서 본사에다 제보한 모양이야.”

대리점 사장은 한숨을 쉬면서 말을 이었다.

“그런데 어떡해? 술 마신 건 사실이거든. 내가 구 팀장 항상 신경 써준 게 고마워서 양주 한잔 샀는데, 그걸 가지고 저렇게 부풀려서 이야기하니 나도 정말 어떻게 해야 할지 모르겠어.”

구 팀장은 다행히 상황이 참작되어 징계 대신 경고만 받기로 결정됐다. 그러나 회사에 물의를 일으켜 후배들 보기 민망하다며 구 팀장은 끝내 사표를 썼다. 영업 본부장을 비롯하여 많은 동료들이 간곡하게 만류했지만 아무 소용이 없었다. 결국 구 팀장은 환송회도 마다하고 쓸쓸히 회사를 떠나갔다.

홍 대리는 구 팀장이 그렇게 된 것이 재고 수급을 제대로 하지 못한 자신의 탓인 것만 같아서 무척 괴로웠다.

맛집의 비결

"마신애 씨, 우리가 본사에 오더를 늘리는 건 어떨까요?"

구 팀장 사건으로 속을 끓이느라 얼굴까지 해쓱해진 홍 대리가 마신애에게 물었다. 마신애는 잠시 생각하더니 대답했다.

"저도 그 생각을 안 해본 건 아니에요. 하지만 우리가 재고를 많이 확보해도 막상 영업에서 팔지 못하면 문제가 심각해지잖아요. 영업팀에서 작성하는 포캐스트(Forecast, 매출예상)도 거의 매번 정확하지 않은 걸요. 거기에 맞춰 들여와도 항상 인기 있는 모델은 재고가 부족해서 난리고, 인기 없는 모델은 재고가 남아도니 처리하느라 골치 아프고요."

마케팅에서 가장 중요하지만 또 그만큼 어려운 것이 바로 수요예측이었다. 소비자의 니즈와 시장의 수요를 예상하여 정확한 물량을 생산하거나 들여오는 것은 거의 불가능에 가까운 문제였기 때문이다. 홍 대리도 마신애의 말에 일리가 있다고 생각했다.

"수요에 맞는 공급량을 예측하는 게 마케팅팀에서 가장 큰 스트레스이긴 하죠."

아무리 노력해도 시원하게 풀리지 않는 문제를 생각하니 가슴이 답답해진 마신애가 투덜거렸다.

"그러니까요, 우리가 뭐 점쟁이도 아니고 몇 달 후에 팔릴 수량을 모델별로, 색깔별로 알아맞힐 수는 없는 거잖아요."

점심시간이 되었다. 홍 대리와 마신애는 김치찌개로 유명한 회사 근처의 맛집으로 향했다. 조금 일찍 나왔는데도 벌써부터 가게 앞에 길게 늘어서 있는 줄을 보고 마신애가 말했다.

"여기는 벌써 이렇게 줄이 기네요. 이 식당은 주인 아줌마가 아침에 딱 300인분만 준비해서 그게 다 팔리면 오후 2시든 3시든 그냥 문 닫고 들어간대요. 메뉴도 딱 한 가지뿐인데 이렇게 장사가 잘되니 걱정도 없고 돈도 많이 벌겠죠? 이런 장사라면 힘들어도 할 만하겠어요."

말없이 씨익 웃기만 하는 홍 대리에게 마신애는 이야기를 이어갔다.

“우리도 이렇게 할 수 있으면 얼마나 좋을까요? 한 달에 디카 딱 한 가지 모델만 3000대씩 들여와서 그거 다 팔리면 이번 달 영업 끝!”

그 식당에 손님이 길게 늘어선 것에 비하여 옆집 식당은 비교적 한산했다. 홍 대리가 말했다.

“마신애 씨, 옆집 좀 봐요. 여기는 메뉴가 딱 하나인데도 손님들이 줄 서는 것도 마다않고 기다리는데, 저 집은 온갖 메뉴를 다 적어놨는데도 손님이 없네요.”

덩달아 옆집 식당을 살피던 마신애가 고개를 갸웃거렸다.

“그런데 저 식당 주인은 오늘 몇 명의 손님이 와서 무슨 음식을 주문할지 예상하고 음식을 준비했을까요? 만약 준비된 재료가 적으면 갑자기 손님이 많이 와도 장사할 수 없을 테고 반대로 재료가 남으면 다 버려야 하겠죠?”

홍 대리가 대답했다.

“그래서 손님이 별로 없을 수도 있어요. 식재료를 딱 맞게 준비하는 식당 음식은 매일 신선한 재료로 만드니 맛있고, 그러니 손님도 항상 많고, 당연히 재료도 남지 않는 선순환이 이루어지는 거죠. 반대로 손님이 없어서 재료가 남는 게 아깝다고 다음 날 쓰게 되면 음식 맛이 떨어져 손님은 점점 더 줄어드는 악순환이 생기는 거고요.”

그 말을 들은 마신애가 홍 대리의 팔을 끌며 말했다.

"대리님, 우리 오늘은 저 식당에 가서 밥 먹어요. 대리님 이야기를 듣고 보니 왠지 남의 일 같지 않네요. 오늘 우리라도 매상 좀 올려주죠?"

옆집 식당은 예상외로 맛이 괜찮았다. 무엇보다도 오랫동안 기다릴 필요가 없으니 홍 대리와 마신애는 오히려 이 식당의 단골이 될 것만 같았다. 식사를 하면서 마신애가 말했다.

"이 식당이 의외로 맛도 괜찮고 시간도 절약되니 좋네요. 앞으로 이 식당에 자주 오게 될 것 같아요. 우리 제품도 재고가 부족하면 기다리다 지쳐 다른 경쟁사 제품을 써보는 고객이 생길 수 있겠네요. 그러면 다른 제품의 장점도 알게 되면서 우리 제품은 판매기회를 놓치게 되고요."

"그래요, 그래서 우리가 지금 저 유명한 맛집처럼 딱 300인분 들여와서 팔고 하루 장사 마무리하는 것보다 한 100인분쯤 더 들여오면 그만큼 재고가 늘어나니까 영업이나 대리점 입장에서는 조금 숨통이 트이지 않을까 싶어요. 줄 서서 기다리다가 300인분이 끝나면 못 먹고 돌아서야 되는 소비자들도 그만큼 줄어들게 될 거고요. 우리 회사 사정상 지금 디카 말고는 판매량 늘릴 수 있는 제품이 별로 없잖아요. 우리 재고를 좀 더 들여오는 쪽으로 추진해 보죠. 동시에 마케팅을 강화해서 이번 기회에 매출을 키워 보자고요!"

홍 대리와 마신애는 재고를 더 들여오면 판매기회는 늘어나겠지만, 혹시라도 남게 될 재고에 대해서는 마케팅팀에서 온전히 책임져야 한다는 것을 알기에 더욱 신중하게 계획을 짜보기로 했다. 점심을 먹다가 귀중한 깨달음 하나를 얻은 듯 두 사람은 신이 나 보였다.

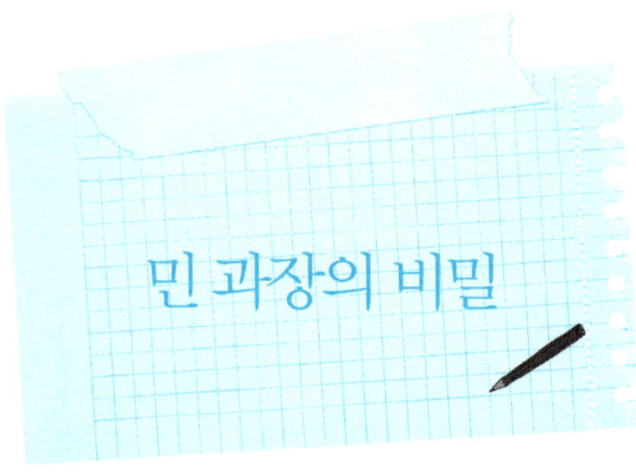

자리로 돌아온 마신애는 한국에 들여올 물량을 늘리기 위해 본사와 협의하고 싶다는 내용의 메일을 전송했다.

다음 날 본사에서 온 답변은 의외였다. 한국에서 유통시킬 물량을 늘리는 것에 본사는 적극 찬성한다는 입장이었던 것이다.

'이상하네, 이럴 리가 없는데?'

예상과는 다른 본사의 반응에 마신애는 의문이 생겼다.

'예전 담당이신 민 과장님은 항상 본사에서 협조를 안 해줘서 우리가 재고를 늘리지 못한다고 하셨는데?'

장시간 본사와의 통화를 끝낸 마신애가 홍 대리를 따로 회의실로 불러 이야기를 전했다.

"그런데요 대리님. 저는 좀 이해가 안 돼요. 제가 본사 측에

'한국시장에 공급하는 재고를 좀 더 늘릴 수 있냐? 본사가 재고를 너무 부족하게 준다.'라고 물었거든요. 그러자 그쪽에서 발끈하며 하는 말이 '우리가 재고를 부족하게 공급한다니 무슨 소리냐? 재고가 부족한 건 전 세계적으로 동시에 판매가 시작된 XYZ500 모델 하나밖에 없었다. 그것도 재고가 충분히 확보되고 난 이후에 한국시장에 런칭하면 어떻겠냐고 미스터 민(민 과장)에게 권유했더니, 그가 기어코 전 세계 동시 런칭을 고집했다.'라는 거 있죠?"

마신애는 본사 담당자와의 통화 내용을 모두 홍 대리에게 전달해 주었다.

"민 과장님이 그랬대요. 한국 소비자들은 가격이 비싸고 재고가 모자라야 더욱 관심을 가지고 많이 사간다고요. 본사는 각 나라에서 주문을 받아서 취합한 다음, 전 세계 공장을 가동해서 배분하는데요. 가끔씩 부품 공급에 문제가 생기거나 자연재해로 생산에 차질이 생기는 것처럼 아주 특수한 경우가 아니면 지사에서 원하는 재고를 거의 다 맞춰줬다면서 다시 알아보라고 하더라고요."

마신애는 홍 대리 쪽으로 얼굴을 바짝 들이대며 계속 말했다.

"진짜 황당한 얘기는 이거예요. 우리 회사가 한국 시장의 규모에 비해 턱없이 적은 양을 주문하니까 본사에서 물량을 좀 더 늘려 보라는 제안도 여러 번 했대요. 그런데 민 과장님이 '한국 시장은 우주전자 등 한국 대기업들과의 치열한 경쟁 때문에 더 이상은 판매량을 늘리기 힘들다.'라면서 도리어 물량을 줄여나갔대요. 이게 대체 무슨 얘기죠, 대리님?"

홍 대리도 자신이 영업팀에 있을 때 디지털카메라 마케팅 담당인 민 과장에게 '시장을 더 키워 보자.'면서 물량을 늘려줄 것을 요구한 적이 종종 있었다. 하지만 민 과장은 매번 '이번 프로모션이 성공적이어서 예상보다 판매가 잘되어 그렇다. 하지만 본사에서는 더 이상 물량 공급이 어렵다고 한다.'라며 미안해하곤 했다.

'민 과장님이 대체 왜 그랬을까?'

홍 대리는 모든 일에 항상 적극적이던 민 과장의 모습을 떠올리며 애써 그의 입장을 이해하려 했지만 좀처럼 이해가 되지 않았다.

업무평가 기간이 시작되면서 그 의문의 실마리는 의외로 쉽게 풀리기 시작했다.

이번 평가는 홍 대리가 마케팅팀으로 들어와서 처음으로 받는 업무평가였다. 인사고과에 반영되는 만큼 누구나 신경 쓸 수

밖에 없는 중요한 절차였지만 홍 대리는 새로운 업무에 적응하느라 여력이 없어서 평가항목조차 제대로 챙길 여유가 없었다.

마케팅 PM의 업무평가 항목은 크게 제품의 매출, 이익률, 포캐스트 달성률, 재고관리로 나누어져 있었다. 매출은 연초에 세운 예산에 맞춰 월매출 목표 대비 달성률이 120% 이상 초과하면 만점이었고, 이익률의 경우 목표치를 초과달성하면 만점을 받았다.

판매량을 예상하여 물량을 들여오는 '포캐스트'는 매월 달성률이 100%일 경우 만점을 받으며 120% 이상으로 너무 높거나, 80% 이하로 너무 낮으면 감점을 받는 것으로 되어 있었다. 마지막으로 재고관리 항목은 한국 창고에 들어온 지 6주 이상 지난 부진재고의 양으로 마이너스 점수를 주는 평가체계였다.

'아, 그래서 그랬구나.'

홍 대리는 민 과장이 왜 재고를 타이트하게 들여왔는지 이제야 이해할 것 같았다. 예산을 짤 때 시장을 가능한 한 어렵게 예측해서 매출목표를 아주 낮은 값으로 설정해 놓고, 매월 포캐스트를 매출목표의 120% 정도가 되도록 잡은 다음 딱 그만큼의 재고만 들여온다면 매출, 포캐스트, 재고관리 모든 항목에서 만점을 받는 것이 가능했다. 이렇게 재고가 다 팔리게 되면 제품의 가격을 내리거나 돈이 많이 드는 프로모션을 할 필요가 없으므로 자연히 이익률도 좋아지는 것이었다.

만약 홍 대리의 예상이 맞다면, 민 과장은 평가를 잘 받기 위한 전략을 세웠던 것이다. 비록 민 과장이 모든 평가 항목에서 만점을 받은 것은 아니었지만, 다른 PM들에 비하면 아주 높은 편이었다. 민 과장이 본사로 가는 데에도 높은 업무평가 점수가 분명 도움이 됐을 것이다.

'민 과장님이 단지 자신의 평가점수를 위해 그랬을 리는 없어.'

홍 대리는 다른 관점에서도 생각해보았다.

민 과장이 재고를 일부러 부족하게 들여온 것이 사실이라고 해도, 민 과장의 전략이 무조건 잘못됐다고 말할 수는 없었다. 하루에 딱 300인분만 준비해서 다 팔리면 하루 장사를 정리해버리는 맛집처럼, 부족하게 재고를 들여오는 것이 효율적인 방법일 수도 있기 때문이었다.

줄서서 기다리는 손님들에게 미안해서, 혹은 매출을 조금 더 올리려는 생각에 400인분, 500인분으로 늘린다고 해도, 실제로 수요가 그만큼 늘어날 것인지, 아니면 결국 재료만 남게 될 것인지, 혹은 그 줄서는 맛이 없어지면서 유명세가 꺾여버릴지는 아무도 장담할 수 없는 것이었다.

30년 전통의 유명한 맛집 주인 아줌마가 오랜 경험을 바탕으로 '300인분'이라는 양을 선택한 데는 다 나름의 이유가 있었을 것이다. 어쩌면 판매량을 늘리면 주인 아줌마가 준비하는 데 힘이 부치기 때문일 수도 있고 오래전부터 300인분을 준비해 왔기 때문에 특별한 이유 없이 그 상태를 유지하는지도 몰랐다. 아니면 그 사이 살짝 몇 십 인분 더 준비해서 팔아봤더니 들어가는 투자 대비 이익이 좋지 않다고 판단한 것일 수도 있다.

맛집이 언론과 입소문을 타고 더 유명해졌으니 이제는 500명~600명분을 준비해도 충분히 판매할 수도 있을 것이다. 하지만 주인 아줌마가 조금 더 가격을 비싸게 받고 300인분만 팔아서 이익을 많이 남기는 전략을 세웠다면 그것이 정답일 수도 있다.

하지만 홍 대리는 왠지 모를 배신감을 완전히 떨치기는 힘들었다.

'만약에 마케팅 평가항목에 M/S(Market Share, 시장점유율)가 들어가 있고 이익이나 재고관리 항목이 없었다면 민 과장님은 어떻게 하셨을까? 시장점유율을 올리기 위해서는 판매량을 늘려야 하니, 가격을 낮춰서라도 경쟁력을 키우고, 비용이 많이 들더라도 강력한 프로모션을 실시하면서 공급물량을 최대한 많이 늘리지 않았을까? 만약에 그렇게 해서 제품을 구매하기 쉬워졌다면 소비자들은 우리 브랜드의 가치를 높게 매겼을까?'

홍 대리는 똑같은 시장상황에서도 마케터의 판단에 따라서 전략은 전혀 달라질 수 있음을 알게 됐다.

'과연 소비자에게 전달되는 가치를 극대화하기 위해서는 어떻게 하는 것이 좋을까? 소비자를 위해서 무조건 가격을 낮추고 물량을 넉넉히 공급하며 그 위험은 고스란히 기업이 지는 것만이 소비자의 가치를 극대화하는 것일까?

제품을 구매하는 최종 소비자뿐만 아니라 우리 제품을 판매해 주는 유통사들도 우리 고객이라고 볼 수 있는데, 그럼 유통마진을 얼마로 책정하지? 마진을 높이기 위해 무조건 제품 가격을 올리는 것만이 답일까? 아니면 싼 값에 많이 팔 수 있도록 가격과 마진을 낮춰주는 게 답일까? 물론 유통사야 마진을 많이 남기길 바랄 테고 고객은 좋은 제품을 저렴한 가격에 구입할 수 있다면 좋아하겠지. 하지만, 누구나 쉽게 구할 수 있는 제품보다는 아무나 가질 수 없는 제품에 더 많은 돈을 투자하려는 소비자도 분명히 존재한단 말이야.

나는 이 회사의 마케팅 직원이니 기업의 이익만 생각하면 되는 걸까? 고객과 유통과 회사가 모두 최대의 이익을 얻으면 좋겠지만 그건 불가능하잖아. 그렇다면 어떻게 균형을 맞추지?'

수많은 질문들이 끊이지 않고 떠올랐다. 홍 대리는 당장은 이 질문에 답할 수 없더라도 결코 포기하지는 않겠다고 스스로 다짐했다. 자신이 진정한 마케터가 되려면 앞으로 이런 고민들을 하나하나 해결해 나가야 한다는 생각이 들었기 때문이다.

힘 있는 거래처와의 관계

홍 대리는 적극적으로 물량을 늘리기로 결정했지만, 구체적으로 어떤 전략을 세울지에 대해서는 아직 고민 중이었다.

"꼭 그래야만 할까요?"

마신애도 막상 물량을 늘려서 매출을 높여야 한다고 생각하니 부담스러운 눈치였다.

"홍 대리님 의견을 이해 못 하는 것은 아니지만, 지금까지도 큰 문제없이 잘 지내왔잖아요. 물론, 일부 고객이나 유통 쪽에서는 제품 쇼티지(Shortage) 때문에 불편해한 건 사실이죠. 그래도 우리 제품이 늘 부족하다 보니 구매할 때 고객이 느끼는 만족감도 큰 거 아닌가요? 우리 입장에서는 들여오기만 하면 비교적 쉽게 나간다는 좋은 점도 있고요. 그동안 디카에서 마케팅 비용을 덜 썼으니까 이익률도 좋았던 건데, 무작정 물량만 늘렸다가 판매가 늘지 않으면 어떻게 해요?”

홍 대리도 마신애의 걱정을 모르는 것은 아니었다. 홍 대리 또한 그 부담감으로 요즘 잠을 이루지 못할 지경이었다.

‘영업팀에서 근무할 때는 월매출 맞추느라 며칠씩 잠도 못 잘 만큼 힘들었어도 마감이 끝난 월초에는 편하게 지냈는데, 마케팅팀으로 오고 나서는 월말이나 월초나 마음 편할 날이 없네. 우리 제품이 하루라도 고객에게 안 팔리는 날이 없으니까!’

홍 대리는 피곤이 계속 쌓이자 마케팅팀으로 온 것에 처음으로 후회가 밀려왔다.

오늘도 홍 대리는 모두가 퇴근한 시간에 홀로 사무실을 지키고 있었다. 늦은 밤까지 일에 파묻혀 있다가 시원한 밤바람을 느끼며 퇴근하는 것을 홍 대리는 좋아했다. 덕분에 ‘여자 친구가 없으니 매일 야근하면서 청승을 떤다.’라는 엄마의 잔소리를 귀에 달고 살았다. 하지만 홍 대리는 자신이 사랑하는 일을 하면서 얻는 보람이 연애하면서 느끼는 짜릿한 행복 못지않다고 생각하곤 했다.

“오늘도 홍 대리 혼자 남아 있네?”

야근을 밥 먹듯 하는 홍 대리는 빌딩을 순시하는 관리인 아저씨와도 친해진 지 오래였다.

"네, 또 그렇게 됐네요. 오늘도 제가 마지막으로 퇴근하면서 문단속 잘~ 하고 퇴근할게요!"

홍 대리는 관리인 아저씨에게 환하게 웃어주었다.

"그래, 젊다고 체력 과신하면 못써. 건강은 한번 잃으면 되돌리기 힘들어."

관리인 아저씨는 홍 대리의 어깨를 툭툭 두드리고 비상계단을 통해 다음 층으로 올라갔다.

그때 사무실 끝자리에서 전화벨이 울렸다.

'저쪽은 영업지원팀 자리인데 누가 이 밤에 사무실로 전화를 걸지?'

마케팅팀에서 영업지원팀 전화를 당겨 받지는 못하기 때문에 홍 대리는 그 자리까지 가기가 귀찮았다. 아무도 안 받으면 전화벨이 곧 끊어지리라 생각하고 있었지만 전화벨은 끈질기게 계속 울리고 있었다.

홍 대리는 어쩔 수 없이 영업지원팀 자리까지 직접 가서 전화를 받으려고 했다. 그러나 막 수화기를 들려는 순간, 얄궂게도 전화가 끊기고 말았다. 하는 수 없이 돌아서는데 다시 전화벨이 울리기 시작했다. 이번에도 끊어질까 싶어 홍 대리는 얼른 전화를 받았다.

"감사합니다. 파인애플코리아 영업지원팀입니다."

공식적인 근무시간이 끝나긴 했지만 홍 대리는 친절하게 응대했다.

"아, 네. 거기 전화 받던 여직원 안 계세요?"

전화기 속 목소리가 다급했다.

"네, 지금은 업무시간 종료돼서 영업지원팀 직원들 다 퇴근하셨어요. 내일 오전 9시 이후에 다시 전화해 주세요."

홍 대리가 전화를 끊으려고 하는 순간 그는 급하게 말을 이었다.

"저기, 혹시 지금 주문 하나만 넣어 주시면 안돼요? 너무 급해서 그래요."

"네?"

"여기 하이랜드 압구정점인데요, 디카 XYZ500 모델 하나만 내일 저희 매장에서 받을 수 있게 주문 좀 넣어 주세요. VVIP 고객이 내일 오후에 사러 온다고 했는데 깜빡하고 오늘 낮에 주문을 못 넣었어요."

홍 대리는 주문 프로세스를 차근차근 설명해 주었다.

"제가 영업지원팀이 아니라서 직접 주문을 넣을 수도 없지만, 지금 주문이 들어간다고 해도 물류센터에서 금일 마감이 오후 3시에 끝났기 때문에 내일 배송 받는 건 불가능해요. 정 급하시면 내일 오전 9시에 담당 영업사원에게 요청하시면 어떨까요? 물류 사정에 따라 가능한 경우도 있긴 한데…….”

상대편은 갑자기 화를 버럭 냈다.

“지금 장난해요? 내일 오전 9시에는 저는 출근도 안 한 상태라고요! 매장이 10시 반에 문을 여는데 어떻게 그 시간에 주문을 하라는 겁니까?”

홍 대리는 황당했지만 차분하게 다시 대답했다.

“저희 회사도 공식적으로 9시에 출근해서 6시에 퇴근합니다. 영업지원팀 직원들 다 퇴근한 시간에 전화하셔서 갑자기 주문을 넣어달라고 하시면 곤란합니다. 그래도 급하신 것 같으니 내일 아침에…….”

거래처 직원은 홍 대리의 말을 끊더니 다짜고짜 고집을 부리기 시작했다.

“디카 하나 주문해 주는 게 뭐 그리 어렵다고 이럽니까? 매장에서 디카 한 대 팔기가 얼마나 어려운 줄이나 아세요? 거기다 이 고객은 우리 매장 VVIP 고객이라고요. 내일 와서 없으면 우리 점장님하고 본사 임원들까지 난리가 난다니까요!”

홍 대리도 영업팀에 있을 때 많이 경험했지만, 말도 안 되는 요구를 하는 거래처를 상대하는 건 보통 힘든 일이 아니었다.

“주문이라는 것이 공식적으로 거래처에서 주문서가 들어오든지 거래처에서 온라인거래를 통해 직접 주문해야 가능한 겁니다. 그런데 이렇게 전화로, 그것도 업무마감 시간 이후에 주문하시면 저희가 전화하시는 분을 어떻게 확인할 수 있겠습니까?"

홍 대리도 사람인지라 상대방의 태도에 화가 나서 주문을 받아 주기도 싫었지만, 만약 받아준다고 해도 거래처와의 주문 프로세스를 무시하고 제품을 임의로 보낼 수도 없는 노릇이었다.

"지금 저를 의심하는 겁니까? 파인애플이 요즘 거래처를 우습게 보는 모양인데 어디 다시는 파인애플 디카 파나 봅시다! 그나마 한 대 팔면 다른 데보다 마진이 좀 더 남아서 팔아줬는데, 거래처 알기를 뭘로 알고 말이야. 당신 큰 실수한 줄 알아!"

상대방은 일방적으로 하고 싶은 말을 퍼붓고는 나중엔 욕까지 하면서 전화를 끊어버렸다. 홍 대리는 당황하여 수화기를 내려놓지도 못하고 한동안 멍하니 서 있었다.

홍 대리는 혼이 쏙 빠진 듯했다. 자리로 돌아와 앉은 후에도 한참이 지나서야 퍼뜩 정신이 들었다.

'아, 이런!'

그제야 이름을 못 물어본 게 후회가 되었다. 거래처 사이에도 기본적으로 지켜야 할 예의가 있다. 홍 대리는 내일 출근하는 대로 영업팀 하이랜드 담당자에게 이 일을 전하고, 공식적으로 하이랜드에 항의하라고 해야겠다고 마음먹었다.

하지만 한편으로는, 자신이 영업팀 사정을 모르는 것도 아닌데 '하이랜드 담당자는 얼마나 입장이 곤란할까?'라는 데 생각이 미치자 갈등이 되었다.

'어찌됐건 하이랜드가 우리 회사의 가장 큰 거래처인데 영업 담당이 하이랜드에 공식적으로 항의하기는 곤란할 거야. 혹시라도 그러다가 거래처랑 관계가 틀어져서 매출에 지장이 생기면 어쩌지?'

하이랜드 담당자에게 이야기한다고 해도 형식적인 사과만 오가고 끝날 일이었다.

'앞뒤 분간 못 하는 매장 직원 하나 때문에 거래처랑 문제를 만들면 안 되지……. 그냥 조용히 처리하자.'

홍 대리는 혼자 화를 삭이며 고민하다 결국 혼자 결론지었다.

'그러고 보니 하이랜드가 매출이 제일 큰 힘 있는 거래처(Power Retailer)이기 때문에 마진도 다른 거래처보다 제일 많이 가져가는구나!'

홍 대리는 컴퓨터를 켜고 하이랜드가 파인애플코리아에서 매입하는 가격과 다른 거래처들과의 가격을 비교해보았다. 하이랜드 매입가는 다른 거래처들에 비해 월등히 낮았다.

'거기다가 하이랜드는 판매지원도 많이 받잖아.'

홍 대리는 하이랜드가 출고 가격에서 할인받는 것 말고도 특별히 지원받고 있는 다른 혜택에 대해서 찾아보았다. 하이랜드 행사기간이 돌아올 때마다 판매촉진을 위해 사은품을 제공하는 것은 물론이고 판매사원의 인센티브는 별도로 책정되어 있었다. 게다가 신규점을 오픈할 때마다 해 주는 특가판매 지원까지 다 따져보니 비용이 어마어마했다.

좀 전에 전화를 건 하이랜드 매장 직원이 '한 대 팔면 다른 데보다 마진이 좀 더 남아서 팔아줬다'는 게 무슨 뜻인지 알 것 같았다.

홍 대리는 밤이 깊도록 사무실에 혼자 남아 있었다.

남들이 가지 않은 길

"마신애 씨, 우리 유통마진을 조금 줄이죠."

다음 날 아침 출근한 마신애는 갑자기 무슨 소린가 싶어 가만히 홍 대리를 쳐다봤다. 어젯밤 집에 들어간 건지 만 건지 후줄근하기 이를 데 없는 홍 대리가 마신애의 얼굴을 쳐다보며 대답만 기다리고 있었다.

"유통마진을 줄이면 거래처가 우리 제품보다 마진이 더 많이 남는 제품을 팔려고 할 텐데요?"

"그럴 수도 있겠죠. 하지만 일부 거래처는 너무 많은 마진을 받아가고 있어요. 제가 어제 거래처별로 다 뽑아봤는데 판촉지원까지 금액으로 환산해 보면 거래처 별로 엄청난 차이가 나요. 우리 회사 입장에서 보면 소형 거래처에 팔아서 남은 돈으로 대형 거래처에 다 퍼주고 있는 꼴이에요. 저도 그 정도인 줄은 몰랐는데 깜짝 놀랐어요."

마신애도 홍 대리가 보여주는 자료를 보니 생각보다 비용이 크다는 생각은 들었다.

'이 자료 만드시느라 홍 대리님 또 밤 새셨겠네.'

마신애는 조금 안쓰러운 마음에 홍 대리를 바라보며 고개를 끄덕였다. 그러자 홍 대리는 힘찬 목소리로 설명하기 시작했다.

"마신애 씨, 우리가 시장을 키우려면 가만히 있어서는 안 돼요. 공격적인 마케팅 활동을 하려면 마케팅 비용도 많이 들 거예요. 그런데 지금으로선 우리가 기껏 시장을 키워봤자 유통만 큰 이익을 얻는 구조로 돼 있어요. 게다가 우리가 마케팅을 할 여력이 없어지면 더 많이 지원해 줄 수 있는 다른 브랜드를 찾을 게 뻔하죠."

홍 대리는 어젯밤 내내 정리한 내용을 차분히 짚어 나갔다.

"고객과 유통과 회사가 다 함께 Win-Win-Win 할 수 있는 밸런스를 찾아야 돼요. 고객에게는 적정한 가격, 유통에게는 적정한 마진, 회사에게는 적정한 이익이 필요한 거죠."

마신애는 홍 대리의 이야기를 말없이 듣고만 있었다. 깊은 고민 끝에 분석까지 마친 홍 대리의 의견에 반대할 명분이 없었기 때문이다.

하지만 물량을 늘리고 유통마진을 줄이고 공격적인 마케팅 활동을 펼치기 위해 해야 할 많은 일들을 생각하면 두려움부터 앞섰다. 물량을 늘리면 재고 관리도 그만큼 어려워질 것이고, 유통마진을 조정하면 영업팀이나 유통거래처의 저항이 클 게 분명했다. 게다가 공격적인 마케팅 활동을 위한 기획과 비용집행에 관한 품의서 작성만 해도 일이 산더미일 것이다.

'꼭 저렇게 남들이 하지 않는 일만 골라서 해야 할까? 민 과장님하고 일했으면 지금보다는 훨씬 더 편했을 텐데…….'

마신애는 민 과장의 전략이 반드시 옳은 것은 아니라는 걸 알면서도 홍 대리가 가려는 길도 탐탁지 않았다.

'고객과 유통과 회사가 Win-Win-Win하는 밸런스를 맞추는 게 중요한 건 알겠는데요. 지금은 나도 일이 너무 많아서 직장생활과 개인생활의 밸런스도 못 맞추고 있다고요. 대체 나더러 어쩌란 거야?'

마신애는 최근 헬스클럽도 못 가고 취미생활도 할 수 없을 만큼 바쁜 업무에 불만이 많았다. 사무실에 앉아서 일만 하다 보니 살도 붙고 피부도 푸석해진 것 같아 울적했다.

그런데 어제도 밤을 샌 듯 꺼칠한 얼굴로 일하고 있는 홍 대리는 마냥 신이 난 표정이었다.

'지난 신제품 출시행사에서처럼 멋있게 차려 입은 모습은 아니지만, 와이셔츠 소매를 걷어 올리고 열심히 일하는 것도 나름 멋있다…….'라는 생각에 잠겨 있던 찰나, 홍 대리가 고개를 돌려 마신애를 바라봤다.

깜짝 놀란 마신애는 당황하며 홍 대리에게 소리쳤다.

"홍 대리님, 아직 다른 사람들이 가지 않은 길이지만 우리가 한번 가 봐요!"

마신애는 얼떨결에 동조하는 말을 내뱉고는 바로 후회했다.

'내가 미쳤나봐. 지금 무슨 말을 하고 있는 거야?'

홍 대리는 마신애를 설득하는 것이 가장 어려울 것이라 생각했는데 의외로 쉽게 동의해 주니 절로 힘이 났다.

"그래요. 앞으로 일이 더 힘들 수도 있겠지만, 그보다 훨씬 큰 보람을 느낄 수 있을 거예요."

홍 대리는 마신애를 보며 활짝 웃었다. 그 순간 마신애는 그가 참 행복하고 멋있어 보인다고 생각했다.

B2C vs. B2B

기업에서 하는 사업을 크게 B2C와 B2B로 구분하는 경우가 있다. B2C는 'Business to Customer'로 기업이 개인 고객을 대상으로 하는 사업을 말하며, B2B는 'Business to Business'로 기업과 기업 간의 거래를 뜻한다. 그 밖에 C2C(Consumer to Consumer, 개인이 개인 고객들을 대상으로 하는 사업), 또는 B2G(Business to Government, 기업이 정부를 대상으로 하는 사업), B2E(Business to Employee, 기업이 임직원들을 대상으로 하는 사업)라는 용어도 사용하고 있다.

그렇다면, 기업에서 고객에게 직접 판매(Direct Sales)하지 않고 유통거래처를 통해 하는 판매는 B2C일까, B2B일까? 엄밀한 의미에서 구분하자면, 기업과 기업의 거래이므로 B2B 비즈니스로 봐야 하겠지만, 실제 기업에서는 그렇게 분류하지 않고 유통거래처를 통한 소비자 판매도 B2C 비즈니스로 구별한다. 기업과 유통거래처와의 거래를 B2D(Business to Distributor, 기업이 유통업자를 대상으로 하는 사업) 또는 B2B2C(Business to Business to Customer)로 구별하기도 하지만, 대체로 최종 소비자가 개인 소비자인가 기업인가에 따라서 간단히 B2C와 B2B로 구별한다.

소비자 대상 제품을 주로 판매하는 기업에서 B2B로 분류하는 경우는 최종 소비자가 개인이 아닌, 학교, 관공서, 병원, 호텔 같이 기업체나 단체에서 구매하는 경우를 말한다.

B2B 비즈니스의 구매자는 제조사와 연결하여 제조사에서 바로 구매할 수도 있고 유통거래처를 통해 구매할 수도 있다. B2B 비즈니스는 비즈니스 기회를 먼저 포착하여 기업의 요구에 맞춰 제시하는 과정이 중요하며 제품을 포함한 솔루션을 함께 제안하는 경우도 많다. B2B 거래는 대부분 대량주문이 일어나므로, 기본 요건을 충족하는 제품군 중에서 대부분 단가가 가장 낮은 제품을 선택하게 된다. 따라서 주로 소비자 대상 판매가와 다른 특판(Special Sales)가격을 제시하며 마케팅 방법도 일반 B2C 마케팅과는 다르게 진행되어야 한다.

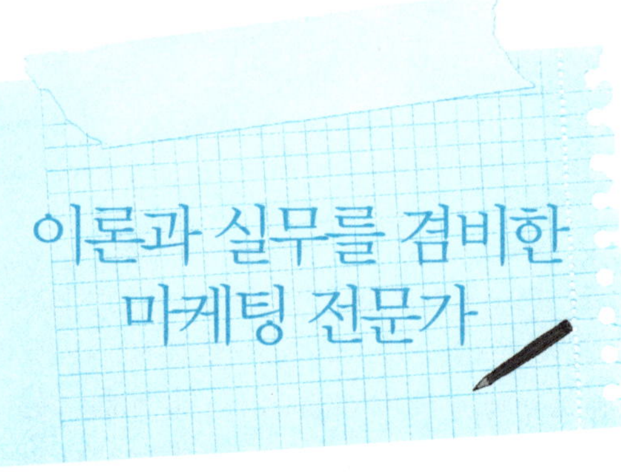

이론과 실무를 겸비한 마케팅 전문가

어느 날 오후였다.

홍 대리가 자판기 커피를 한 잔 뽑으려고 휴게실에 가니 마신애를 비롯한 젊은 PM들이 모여 이야기를 나누고 있었다. 뭐가 그리 재미있는지 깔깔거리던 그들은 홍 대리가 휴게실로 들어가는 순간 모두 '얼음'이 된 듯 일시에 웃음을 멈췄다. 당황했던 표정을 가장 먼저 수습한 사람은 마신애였다.

"호호, 홍 대리님! 커피 마시려고요? 저도 좀 뽑아 주세요!"

마신애 앞에는 이미 다 마신 종이컵이 놓여 있었지만 홍 대리는 못 본 체하고 말했다.

"그러죠, 뭐."

"아참, 나는 오후에 미팅이 있어 이제 가봐야겠다."

"어, 나도 가야 돼. 같이 가자."

모여 있던 사람들이 순식간에 빠져나간 휴게실에는 홍 대리와 마신애 둘만 남게 되었다.

잠시 어색한 침묵이 흘렀다.

"제 이야기라도 했나 봐요? 제가 오니까 갑자기 조용해지더니 다들 가버리시네?"

홍 대리는 어색한 분위기를 바꿔보려고 가볍게 웃으며 말했다.

"아니, 아니에요. 홍 대리님 얘기 절대로 안 했어요!"

마신애는 강하게 부정했지만 당황한 기색이 역력했다. 홍 대리는 마신애가 의외로 순진한 구석이 있다는 것을 이미 알고 있었다. 그래서 농담처럼 던진 말에 심하게 도리질을 치는 마신애를 보면서, 대화의 주제가 정말로 자신이었음을 눈치 챌 수 있었다.

"혹시 제가 뭐 실수한 거라도 있나요?"

"아니라니까요! 자꾸 왜 그러세요?"

진지한 표정으로 묻는 홍 대리에게 마신애는 급기야 화까지 내기 시작했다. 홍 대리는 할 수 없다는 듯 부드럽게 웃으면서 말했다.

"네, 아니면 말고요……. 왜 화를 내고 그래요? 화내니까 더 그런 것 같잖아요. 하하. 그럼 커피 천천히 마시고 들어오세요."

홍 대리는 커피 잔을 들고 자리로 돌아갔다.

"홍 대리님, 혹시 풀 마케팅과 푸시 마케팅에 대해서 아세요?"

마신애가 홍 대리에게 다가와 조심스럽게 물었다.

"음……. 풀(Pull)은 끌어당긴다는 뜻, 푸시(Push)는 밀어낸다는 뜻이니까요. 마케팅 할 때 고객을 우리 브랜드 쪽으로 끌어당기는 방식은 풀 마케팅이고, 우리 브랜드를 고객에게 밀어내는 방식은 푸시 마케팅 아닌가요?"

"어머, 생각보다 제대로 알고 계시네요."

마신애는 마치 퀴즈라도 내는 것 같았다.

"그럼 ATL, BTL은 아세요?"

홍 대리는 마신애가 왜 저러나 싶었지만, 그래도 성실히 대답해 줬다.

"그건 저도 마케팅팀에 와서 처음 알게 된 건데요. ATL은 'above the line'으로 4대 매체 등 매스미디어를 통한 마케팅 활동이고, BTL은 'below the line'으로 전시나 이벤트 같은 나머지 마케팅 활동이라고 알고 있는데요. 아직도 가끔 헷갈려요. 근데 왜요?"

마신애의 얼굴이 금세 밝아졌다.

"어쨌건 다 알고 계시니 다행이네요. 그럼 일하세요."

마신애는 자리로 돌아가려다 말고 다시 홍 대리에게 성큼 다가왔다.

"근데, 홍 대리님은 왜 다른 사람하고 이야기할 때 마케팅 용어나 지식에 대해서 아는 척 안 하세요? 쉽게만 설명하니까 남들이 홍 대리님은 마케팅에 대해 전혀 모른다고 생각하잖아요."

홍 대리는 갑자기 짜증을 내는 마신애와 엄마가 순간적으로 겹쳐 보였다.

'저건 우리 엄마가 나한테 불만이 있거나 감정기복이 심할 때 나오는 말투랑 똑같은데?'

마신애에게 왠지 모를 친근감을 느낀 홍 대리는 웃으며 말했다.

"제가 영업팀에서 와서 마케팅도 모르는 주제에 설친다고 말이 많죠? 지난번에 'CEO부터 사원까지 마케팅에 집중하라' 캠페인 이후에 특히 마케팅 부서 사람들이 불만을 많이 갖고 있는 건 저도 알고 있어요."

마신애는 살짝 당황했다. 홍 대리는 계속 말을 이어갔다.

"사람들이 그렇게 이야기하는 것은 알고 있지만 어쩔 수 없잖아요. 저는 마케팅의 목적과 과정, 결과가 중요한 것이지, 그게 풀 마케팅이든 푸시 마케팅이든, ATL이든 BTL이든 중요하지 않다고 생각해요. 실제로 저도 명확하게 알고 있으려고 여기저기 사례를 찾아보니 전문가나 학자조차도 헷갈리는 경우가 많던데요, 뭐."

마신애는 잠시 뜸을 들이더니 말했다.

"그래도, 마케팅 전문가가 되려면 기본적인 마케팅 용어나 체계 정도는 알고 있어야지 안 그러면 무시당해요. 또……."

마신애는 신중하게 말을 이어갔다.

"홍 대리님도 아시겠지만……. 마케팅 부서에 있는 PM들이 전반적으로 학력이나 경력이 우수하다 보니, 다른 부서 사람들을 무시하는 경우가 종종 있거든요."

홍 대리는 잠시 생각을 하다가 진지하게 말했다.

"마신애 씨 이야기가 무슨 뜻인지 알겠어요. 어떤 분야든 진정한 전문가가 되기 위해서는 이론과 실무를 겸비해야 된다는 것을 제가 잊고 있었네요. 조언해줘서 정말 고마워요."

홍 대리는 이참에 예전부터 관심을 두고 있었던 야간대학원에 진학해서 경영학 석사과정을 이수해야겠다고 결심했다.

사실, 마신애는 좀 전에 휴게실에서 다른 사람들이 홍 대리

를 험담할 때 왠지 기분이 나빴다.

"여기 오기 전엔 영업만 했다며? 게다가 우리 회사에 입사하기 전에는 조그만 중소기업의 영업사원이었고, 대학에선 전자공학을 전공했대! 그런 사람이 마케팅에 대해 뭘 알겠어? 그렇지, 마신애 씨?"

그들은 마신애에게 '확인사살'을 기대했다.

"네, 뭐……. 저도 처음에 그렇게 생각했지만 직접 겪어보니 영업 경험이 의외로 마케팅에 도움이 되는 것 같기는 한데 잘 모르겠어요."

마신애는 일부러 두루뭉술하게 이야기했다. 이 자리에서 홍 대리의 편을 들었다가는 자기까지 도매금으로 넘어갈 것 같았기 때문이다.

"그렇지? 그러니까 홍 대리가 지금은 영업에서 온 지 얼마 안 되었으니 그쪽에서 배운 걸로 우려먹고 있지만 곧 밑천이 드러날 거라는 얘기지?"

마신애는 그런 뜻으로 말한 게 아닌데 그들은 듣고 싶은 대로 듣고 있었다. 마신애는 다시 조심스럽게 이야기했다.

"저는 처음에 마케팅팀은 광고나 판촉, 행사 정도만 하는 곳인 줄 알았는데 막상 들어와 보니 마케팅도 영업만큼이나 매출부담이 있더라고요. 그런데 홍 대리님은 영업 경험을 바탕으로 마케팅을 하다 보니 아무래도 이론보다는 현장 위주의 마케팅을 먼저 생각하시는 것 같아요."

그들은 또 다시 제멋대로 해석했다.

"그러니까, 정말 마케팅에 대해 아무것도 모른다니까. 이번에 물량도 엄청나게 들여온다잖아. 예전에 영업팀에 있어서 그런가? 제품만 갖다 놓으면 저절로 팔리는 줄 아나 봐. 지난번에 내가 홍 대리하고 공동 판촉 협의할 때 말이야. 풀 마케팅, 푸시 마케팅이랑 ATL과 BTL 어떻게 할 건지에 대해 이야기했더니 무슨 말인지 못 알아듣는 것 같더라니까!"

그 이야기를 들은 다른 직원이 얼른 맞장구를 쳤다.

"지난번에 그건 또 뭐야? CEO부터 사원까지 마케팅에 집중하라고? 나 참, 그러면 전부 마케팅팀으로 배치해서 서비스 센터 직원도 마케팅팀, 영업사원도 마케팅팀, 이러면 되겠네. 전부 다 마케팅팀에 오면 팀장인 고 부장님은 사장 시키면 딱 맞네. 하하하."

"그래 고 부장님 사장되면 팀 하나씩 나눠서 우리 다 팀장하고 우리 밑으로 영업, 서비스, 관리 다 나누어달라고 하자. 정말 좋은 생각 아니야? 하하하."

그러던 순간에 홍 대리가 휴게실로 들어온 것이었다.

사실, 그들은 회사에서 소문난 사조직인 '사시미파'였다. 자기들끼리 모여서 한 사람씩 도마 위에 올려놓고 회를 친다고 해서 붙여진 이름이었다. 누가 지었는지는 모르지만 모두들 그 이름에 크게 공감했다.

마신애는 그 멤버 중 한 명과 출신학교가 같다는 이유로 가끔 모임에 불려가기는 했지만, 그들이 모여서 누군가를 살벌하게 비난할 때는 내심 무섭기까지 했다. 자칫하면 자신도 그렇게 회 쳐질 수 있다고 생각하면 도저히 그 모임에서 빠져나올 용기가 나지 않았다.

더구나, 그 모임의 일원들은 고장수 부장이 마케팅 팀장이 되기 전부터 키워온 직원들이었다. 고 부장이 대놓고 '고 라인'이라며 끔찍하게 아끼는 걸로도 유명했다. 고 부장은 직원의 능력이나 태도와 상관없이 자신에게만 충성하는 사람들을 대놓고 밀어주는 바람에, 다른 직원들도 '사시미파'에 들어가야 승진할 수 있다고 비아냥댈 정도였다.

사시미파 선배들도 툭하면 마신애에게 '우리 모임에 아무나 들어올 수 없고, 회사에서 성공하려면 우리 모임을 거치지 않고서는 불가능하다.'라며 자랑을 해오던 터였다. 마신애는 일단 '사시미파'에 한 발을 걸쳐 놓긴 했지만 여전히 불편했다. 평소라면 자연스럽게 빠져나갈 궁리만 하고 있었겠지만 오늘은 달랐다. 그 무서운 '사시미파'로부터 홍 대리만큼은 지켜주고 싶다는 생각에 끝까지 자리를 지키고 있었던 것이다.

운도 실력이다

공격적인 마케팅 전략은 세웠지만, 하루하루 달라지는 시장 환경의 변화를 따라잡기는 점점 더 버거워졌다. 경쟁사들은 무서운 속도로 발전하여 새로운 제품을 싼 가격에 내놓았고 소비자들의 안목도 나날이 까다로워지고 있었다.

다음 주, 엄청난 양의 재고가 한국 물류창고에 들어오면 대대적인 마케팅 활동도 시작될 것이다. 홍 대리는 만반의 준비를 하면서 격전의 날을 기다리고 있었다.

"홍 대리, 매장 판매사원 보고서에서 경쟁사 동향을 보니까 우주전자가 SS500 제품 가격을 인하한다는데? 메일로 자세한 내용 보냈으니까 참고해!"

영업팀 박 대리가 경쟁사의 가격 인하 정보를 발 빠르게 알려줬지만 파인애플사는 이미 광고비로 막대한 지출을 한 뒤였다. 경쟁사의 가격 인하에 대응하려고 같이 가격을 낮췄다가는 이익률이 마이너스로 떨어지기 때문에 여간 고민이 아니었다.

더구나 지금 밀고 있는 전략 모델의 가격을 인하하면, 이 모델보다 위아래 스펙인 모델과 카니발라이제이션(Cannibalization, 제품 간 시장잠식 효과)이 일어난다. 같은 회사의 제품들끼리 서로 경쟁하다 보니 판매량이 줄어들게 되는 것이다.

그렇다고 해서 기존 가격을 유지했다가는 경쟁력에서 밀릴 수밖에 없다. 그래서 판매가 줄어들면 부진재고가 되고, 부진재고가 계속 쌓이면 악성재고가 될 가능성이 크다. 악성재고가 되면 언젠가는 울며 겨자 먹기로 터무니없이 싼 값에 처분하게 될 것이다.

'어떻게 하지? 경쟁사 가격 인하에 대응해서 우리도 가격을 할인해야 할까? 그렇지 않으면 재고가 계속 쌓일 텐데…….'

결단이 필요한 순간이었다.

홍 대리는 깊은 고민 끝에 가격을 인하하기로 결정하고 당장 손익시뮬레이션부터 실시했다. 지금 좀 손해를 보더라도 나중에 더 큰 손해를 막기 위해서는 어쩔 수 없는 선택이었다.

홍 대리가 마치 십 년은 늙은 듯한 모습으로 손익시뮬레이션을 하고 있던 바로 그때였다.

"대리님 본사에서 연락이 왔는데요, 태국에 홍수가 나서 태국 공장이 당분간 생산을 중단한대요! 정상 가동되려면 최소한 3개월은 걸린다는데 이제 어떡하죠?"

마신애의 표정에는 근심이 가득했다.

홍 대리도 태국에 큰 홍수가 났다는 뉴스를 듣긴 했지만, 그것이 파인애플사 공장에 영향을 미치리라는 생각은 미처 하지 못 하고 있었다.

"그러면 지금 태국 공장에서 생산중인 우리 제품은 최소 3~4개월 동안은 공급받기 힘들겠네요? 참, 태국에 우리 회사 공장 말고도 경쟁사 생산 공장도 거의 다 몰려 있잖아요?"

"다른 회사 공장들도 다 잠겼대요. 이걸 어떡하면 좋죠?"

홍 대리는 순간, 하늘에서 한 줄기 빛이 내려오는 기분이었다.

"마신애 씨, 우리 가격 인하 준비하던 거 얼른 멈추세요. 아직 영업과 유통 쪽에는 공지 안 했죠?"

"네, 그렇긴 한데 갑자기 왜 그러세요?"

"우리 제품 지금 어디 와 있죠?"

"지금 부산항에 도착돼서 통관 준비하고 있는데요! 다음 주초면 우리 창고에 입고될 거예요. 그런데, 왜 그러시……!"

의아해하던 마신애가 그때서야 무릎을 쳤다.

"우리도 공급차질을 겪겠지만 경쟁사 제품들도 당분간 공급에 어려움을 겪을 테니, 시장에 물량이 부족하게 될 거예요. 공급이 부족하면 당연히 가격은 오를 것이고 굳이 이 시기에 가격을 인하할 필요가 없는 거죠. 더구나, 우리는 넉넉한 재고를 이미 보유하고 있으니!"

마신애는 마치 어린아이처럼 기뻐했다.

이후로, 파인애플코리아의 디지털카메라는 불티나게 팔려나갔다. 가격을 인하하기는커녕 오히려 속도를 조절하며 판매하기 위한 디마케팅(demarketing, 기업들이 자사 상품에 대한 고객의 구매를 의도적으로 줄임으로써 적절한 수요를 창출하는 마케팅 기법) 전략을 펴야 할 정도였다. 기존에 진행하던 사은품 행사 및 판매사원 인센티브 프로그램도 당분간 중단하기로 결정했다. 당연히 이익률도 좋아졌다.

한편, 파인애플사의 다른 제품들은 상대적으로 재고가 부족해서 매출목표에 큰 차질을 빚을 수밖에 없었다. 지금 그들은 거의 홍 대리 덕분에 굶어 죽지 않고 사는 격이었다.

"홍 대리님 아니었으면 우리 회사 문 닫을 뻔했어요, 그죠?"

어느 날, '사시미파' 모임에 불려간 마신애가 일부러 들으라는 듯 말했다.

다른 제품 마케팅 담당자들은 인상을 찌푸렸다.

"홍 대리는 운도 좋아. 하필 그때 태국 공장에 문제가 생길 건 뭐야?"

'사시미파' 일행이 홍 대리를 도마 위에 올려놓고 회를 치려는 순간 마신애가 말했다.

"전생에 나라라도 구했나 보죠."

예상치 못한 마신애의 반응에 모두들 그녀를 빤히 쳐다봤다. 마신애는 '사시미파'의 살벌한 눈초리에도 전혀 기죽지 않고 다시 한 번 결정타를 날렸다.

"마케팅의 '마'자도 모르는 홍 대리님이 마케팅은 제일 잘하는 것 같네요."

마신애는 이제 '사시미파'를 탈퇴할 때가 되었다고 생각했다. 그녀는 선배들의 놀란 표정을 보며 보란듯이 마지막 한 방을 날렸다.

"선배님들 저번에 그러셨잖아요, 운도 실력이라고. 저는 이제 이 모임 안 나올래요. 그냥 운이든 실력이든 스스로 열심히 실력이나 쌓을래요."

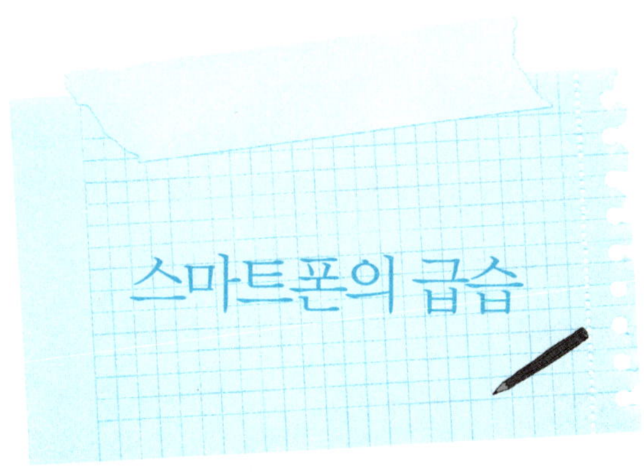

스마트폰의 급습

공급 차질 문제가 해결되어 회사에 숨통이 좀 트이나 싶을 때 쯤, 몇 달 전부터 시작된 스마트폰이라는 돌풍이 거대한 광풍이 되어 휘몰아치기 시작했다. 스마트폰은 단숨에 휴대폰 시장을 석권한 데 이어 주변 전자기기 시장까지 잠식해 나갔다. 소비자들은 더 이상 디지털카메라나 캠코더를 별도로 사야 할 이유를 찾지 못했다. 스마트폰에 장착되어 있는 성능 좋은 카메라와 동영상 기능만으로도 충분하다고 생각했던 것이다.

"홍 대리! 스마트폰 성장에 따른 디지털카메라 전망 좀 분석해봐!"

고장수 부장은 팀장 회의에서 나오자마자 홍 대리에게 급하게 새 일을 지시했다.

"아니지, 디지털카메라뿐만 아니라 우리 제품 중 영향을 받는 제품이 있는지도 같이 조사해 봐. 급해! 내일 오전에 본부장님이랑 사장님께 보고해야 하니까 오늘까지 다 할 수 있겠지?"

'퇴근시간을 1시간 남겨놓고 지시하시면서 오늘까지?'

홍 대리는 속이 바싹 타들어 갔다.

'오늘도 별수 없이 밤을 새야겠군.'

일찌감치 마음을 비운 홍 대리는 각종 관련 자료부터 수집하기 시작했다. 스마트폰 시장의 급성장을 예고하는 자료는 많았지만 정작 다른 제품에 미칠 영향에 대해서 분석한 자료는 찾아보기 어려웠다.

홍 대리가 겨우 찾아낸 연구 논문에서는 일정 기간 혼란이 있겠지만 스마트폰이 다른 전자기기 시장까지 없애지는 못할 것이라는 애매모호한 분석이 전부였다. 홍 대리는 그 자료를 근거로 스마트폰의 인기가 당분간은 지속되겠지만 디카나 캠코더, 뮤직플레이어 등 나름의 시장은 유지될 것이라는 내용의 보고서를 작성했다. 또한 현재 파인애플코리아의 매출도 다소 떨어진 상태이지만, 하반기에는 다시 정상적인 수준을 되찾을 수 있을 것이라고 결론지었다.

홍 대리는 늦은 밤까지 정리한 모든 자료와 보고서를 고 부장에게 보냈다.

다음 날 아침 홍 대리가 출근하니, 고 부장은 이미 팀장 회의에 참석하러 자리를 비운 뒤였다.

'자료에 대해 따로 설명 드리지 못했는데 괜찮으실까?'

걱정은 됐지만 간만에 여유로운 시간을 보내는 즐거움에 홍 대리의 걱정은 금세 잊혀졌다. 이렇게 팀장들이 장시간 회의에 들어가면 나머지 직원들은 나름의 휴식시간을 즐기곤 했다. 간혹 팀장과 임원들이 다함께 해외 출장이라도 가는 날에는 진짜 신나는 방학 같은 기분이 들기도 했지만 깐깐한 상사들은 부하직원이 놀까 싶어 쓸모없는 숙제를 미리 잔뜩 던져주는 만행을 저지르기도 했다.

휴식차 인터넷 뉴스를 찾아보던 홍 대리는 '스마트폰 때문에 10년 내 없어질 10대 제품은?'이라는 제목의 기사를 호기심에 클릭했다가 얼굴이 창백해지고 말았다. 세계적으로 유명한 시장조사 전문기업이 보고한 자료에 따르면 스마트폰의 급성장으로 크게 악영향을 받을 제품으로 뮤직플레이어, 내비게이션, 디지털카메라, 캠코더 등을 뽑고 있었다.

'이게 뭐지? 어제 찾은 자료에는 이런 게 없었는데.'

홍 대리는 어제 작성한 보고서와 정반대인 주장을 읽고 있자니 식은땀이 흘렀다. 각기 다른 주장 중에서 어떤 것을 신뢰해야 할지 몰라 혼란스러웠다. 다행히 팀장 회의에서 나온 고 부장은 별다른 얘기가 없었다.

장담할 수 없는 미래에 대한 다양한 의견들은 어디까지나 예측에 불과했다. 실제로 스마트폰 때문에 많은 제품이 조만간 사라진다고 한들, 아직 오지도 않은 미래 때문에 해당 제품 사업을 접거나 너도나도 스마트폰 개발에 집중할 수만도 없는 일이었다. 어제와 같은 오늘, 오늘과 같은 내일이 이어지면서 변화는 서서히 다가올 것이기 때문이다.

분명히 그랬다. 스마트폰이 처음 나왔을 때만 해도, 아니 출시하자마자 몇 달 동안 무서운 속도로 급성장을 할 때조차도, 시장을 이렇게까지 바꿔놓을 거라고 아무도 예상하지 못했다. 그래서 모두들 부정적인 전망보다는 낙관적인 전망을 믿고 싶어 했다.

하지만 스마트폰의 급습은 그 어느 때보다 빠르고 또 강렬했다.

"뭐라고? 용산의 대리점들이 거래를 종료하겠다고?"

스마트폰이 한국시장에 본격적으로 출시된 지 불과 6개월

만에 거래처부터 하나둘씩 떠나가기 시작했다. 더 이상 장사가 안 되는 전자제품 판매점을 접고 업종을 전환하겠다고 했다. 그 중에는 스마트폰 대리점을 하겠다는 곳도 꽤 있었다.

유통이 줄어들면 매출이 떨어지는 것은 당연한 이치였다. 이처럼 짧은 기간에 시장 환경에 커다란 변화가 일어난 것은 디지털카메라가 탄생한 이후 처음 있는 일이었다.

홍 대리는 문득, 자신이 개구리 같다고 생각했다. GE 출신의 유명한 경영자 '잭 웰치'가 말했던 유명한 비유 중 하나가 '끓는 물 속의 개구리'이다.

냄비에 개구리 한 마리를 넣고 서서히 열을 가하면 개구리는 온도의 변화를 감지하지 못하고 냄비 속에 계속 남아 있다. 개구리는 변온동물이라 온도 변화에 잘 적응하기 때문이다. 그러다 일정 온도 이상으로 올라가면 결국 그 개구리는 죽게 된다.

반면 뜨거운 물 속에 개구리를 넣으면 그 개구리는 뜨거움을 감지하고 곧바로 밖으로 뛰쳐나온다. 순간적으로는 고통스럽겠지만 뜨거운 물에서 뛰쳐나온 개구리는 살아남고, 변화를 감지하지 못한 채 냄비 속에서 유유자적하던 개구리는 죽는 것이다.

대부분의 사람들이 스마트폰이 급성장한다는 사실을 이미 알고 있었지만 별다른 대책을 세우지 않았다. 홍 대리 자신도 스마트폰에 푹 빠져 있으면서도 스마트폰이 이렇게나 빨리 모든 것을 바꿔놓으리라고는 생각하지 못했다.

'작은 불씨가 피워졌으니 언젠가 물이 따뜻해지겠지. 하지만 아직은 괜찮아, 나하고는 크게 상관없을 거야…….'하고 안일하게 생각하다 정신을 차리고 보면 물이 이미 부글부글 끓고 있는 격이었다.

홍 대리 개구리는 이미 너무 뜨겁게 끓고 있는 물 속에서 어떻게 해야 살아남을 수 있을지 진지하게 고민하기 시작했다.

'개굴개굴, 개굴개굴…….'

아~
좋다~

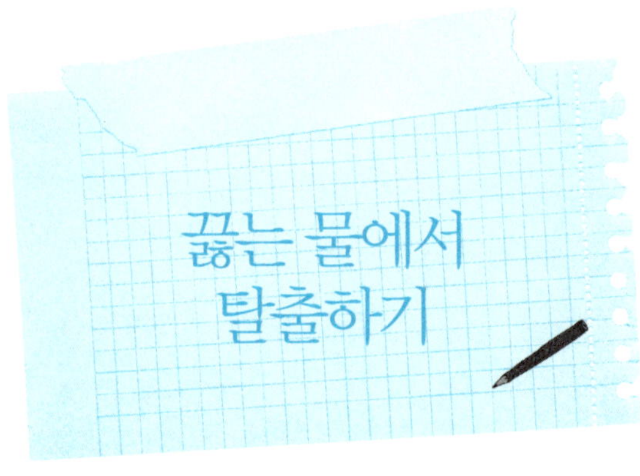

끓는 물에서 탈출하기

'이미 끓고 있는 물을 내 힘으로 식힐 수는 없어!'

물이 끓는 이유는 환경의 변화 때문이었다. 홍 대리는 혼자 힘으로 막아낼 수 없다면 끓는 물에서 벗어날 방법을 찾는 것만이 최선이라고 생각했다. 그래서 무서운 불씨로부터 가능한 멀리 벗어나야만 했다.

홍 대리는 스마트폰 때문에 떨어진 매출을 당장 끌어올리진 못하더라도 최소한 지금 수준이라도 유지하기 위해 대대적인 가격 인하를 단행하기로 결심했다.

파인애플사의 디지털카메라는 그동안 높은 이익률로 회사에 기여한 바가 컸다. 하지만 지금 스마트폰에 밀리기 시작하면 미래는 아예 장담할 수 없을 정도로 절박한 상황인 건 확실했다.

홍 대리는 마케팅 팀장인 고장수 부장에게 자신의 전략을 보고했다.

"안 돼! 그나마 디카 하나로 이익률 겨우 맞추고 있는 거 몰라서 그래? 지금 디카 가격까지 낮추면 이익은 어디서 메꿔?"

고장수 부장은 강력하게 반대했다.

"하지만, 지금 스마트폰의 성장 때문에 소비자들이 카메라를 따로 구매하지 않는 경향이 커졌습니다. 게다가 우리 회사 제품은 경쟁사에 비해 가격도 비싼 편이기 때문에 지금 인하하지 않으면 디카 매출마저 줄어들 수 있습니다."

홍 대리는 스마트폰의 성장으로 심각한 위협을 받게 될 제품 리스트와 경쟁사 디지털카메라의 가격 동향 등을 정리한 자료를 펼쳐 고 부장에게 내밀었다. 파인애플사의 제품이 가장 고가인 것을 확인한 고 장수 팀장이 인상을 찌푸렸다.

"그래도 안 돼! 지난번 보고 때는 스마트폰 영향이 오래가지 못하고 하반기에 시장이 정상화될 거라고 하더니 이제 와서 왜 딴소리야? 어쨌건, 가격 인하는 안 된다고! 가격 인하 없이 매출 목표 달성해! 영업사원 출신이라서 그런지 조금만 상황이 어려워지면 무조건 싸게 팔 생각부터 하는군?"

몇 날 며칠을 고민한 결과를 두고 막무가내로 반대만 하는 고장수 부장을 보며 홍 대리는 가슴이 답답했다. 그 이후로도 홍 대리는 고 부장과 여러 번 미팅을 했으나 끝내 설득하는 데 실패했다. 홍 대리는 마케팅 본부장에게 이런 뜻이라도 전해달라고 했지만, 고 부장은 고집을 꺾지 않았다.

고장수 부장은 나중에는 매출이 떨어지든지 말든지 우선은 디지털카메라 가격을 유지해서 다른 제품의 손실을 채우는 것이 급하다고 생각하는 모양이었다. 이렇다 보니 1년 뒤는커녕 3개월 뒤, 6개월 뒤의 상황을 대비하기 위한 전략이 귀에 들어올 리가 없었다.

'고 부장과 더 이상 얘기가 되지 않으니 본부장님에게 직접 보고할까? 아니야. 엄연히 보고체계가 있는데 그걸 무시했다간 나중에 그 화를 어떻게 감당하려고? 아, 그래도 이건 너무 심각한 문제인데.'

아무리 머리를 싸매봐도 뚜렷한 답이 나오지 않았다. 결국 홍 대리는 고심 끝에 마케팅 본부장을 찾아갔다.

"그러니까 홍 대리 의견은 디지털카메라 가격을 낮춰야 한다는 거지?"

홍 대리의 보고를 들은 나 이사는 잠깐 생각에 잠기더니 이내 말문을 열었다.

"자네는 지금 디지털카메라가 우리 회사 사업 포트폴리오에서 어떤 위치에 있다고 생각하나?"

"네?"

홍 대리는 회사 제품 전부를 고려해 본 적이 없었기 때문에 순간 당황했지만, 금세 침착하게 생각을 가다듬었다.

"현재 디카가 우리 회사에서 차지하는 비중은 점점 더 커지고 있습니다. 현재 시장에서 고전하고 있는 다른 제품들이 안정권에 들기 전까지는 디지털카메라가 계속 매출을 책임져 줘야 한다고 생각합니다."

나 이사는 다시 질문을 이어갔다.

"홍 대리, 그런데 고 부장한테는 몇 번 보고했나?"

홍 대리는 고 부장의 허락 없이 단독으로 마케팅 본부장을 찾아온 것을 지적하시는구나 싶어 낯빛이 어두워졌다.

"지난주에 한 번, 이번 주에 두 번, 총 세 번 보고 드렸습니다만……."

"그래서 고 부장 의견은 가격 인하는 안 된다는 이야기지?"

"네, 하지만 지금 상황이 정말 급박합니다. 손실을 조금이라도 줄이려면 최대한 빨리 대응하는 것이 중요하다고 판단돼서 이렇게 본부장님께 직접 보고를 올렸습니다. 죄송합니다."

홍 대리는 고 부장에게 박살날 각오를 하고 나 이사를 찾아왔다. 고 부장이 워낙 단호하게 나오니 홍 대리도 그냥 포기할까 싶은 때도 많았다. 하지만 아무리 생각해봐도 회사의 미래를 위해서는 더 이상 물러설 수 없다고 생각해 용기를 냈던 것이다.

"고 부장이 죽어도 안 된다고 한 데에는 그만한 이유가 있겠지. 마케팅 팀장을 설득하지 못한 것은 홍 대리의 잘못이네. 근거와 논리, 설득력이 부족했기 때문이야."

"네."

홍 대리는 고개를 숙였다.

"팀장이 안 된다는 데도 자신의 주장을 굽히지 않고 본부장에게 직접 보고하러 온 것 역시 자네 잘못이네. 조직에는 위계질서가 있는 법이니까."

"네……."

홍 대리는 힘이 쭉 빠졌다.

"그렇지만! 죽어도 자신이 옳다고 생각하면 그 윗사람을 찾아갈 배짱도 있어야지. 상사도 사람이라 가끔 잘못된 판단을 내릴 수 있거든."

홍 대리는 예기치 못한 말에 고개를 들고 나 이사를 쳐다보았다.

"홍 대리가 보고한 내용에 대해서는 나도 전적으로 동의하네. 지금 디지털카메라 매출마저 떨어지면 회사 전체가 위기에 빠질 수 있어."

나 이사는 홍 대리의 계획을 수락했다.

"하지만, 홍 대리가 나한테 바로 보고했다는 사실을 고 부장이 알면 기분이 상할 수도 있으니 내가 직접 이야기하겠네. 자네는 그냥 모른 척하게."

홍 대리가 나가고 한참 후에 나 이사는 고 부장을 따로 불렀다. 나 이사는 고 부장보다 두 살 아래이긴 했지만 부하직원들에게 함부로 말을 놓지 않았다. 그런데도 고 부장은 나 이사 앞에만 서면 늘 쩔쩔맸다. 온갖 아첨을 해도 표정 하나 변하지 않을 만큼 도무지 속을 알 수 없는 사람인지라 눈치 백단의 고 부장도 눈치를 살피느라 바빴다.

"고 부장, 지금 우리 회사의 '캐시카우(Cash Cow: 수익이 큰 사업이나 종목)'가 뭐죠?"

나 이사가 고 부장에게 물었다.

"TV제품이 시장점유율을 많이 잃어서 지금으로서는 디지털카메라가 그 역할을 해야 합니다."

"그래요, 몇 년 전만 해도 TV가 캐시카우 역할을 훌륭히 해왔지만 지금은 디카 외에는 뾰족한 대안이 없어요. 디카가 캐시카우 역할을 해 주려면 지금 수준의 시장점유율은 꾸준히 지켜줘야 할 텐데, 혹시 따로 준비하고 있는 전략이 있습니까?"

고 부장이 머뭇거리자 나 이사가 말을 이었다.

"요즘 시장 상황이 심상치가 않아요. 내가 보기엔 디카 가격을 인하해서라도 시장점유율을 지켜내야 할 것 같은데 고 부장 의견은 어때요?"

고장수는 비굴하게 웃으며 대답했다.

"네, 이사님! 그렇잖아도 제가 홍 대리에게 가격 인하 전략을 세워보라고 이미 지시를 내려놨습니다."

BCG 매트릭스

흔히들 돈이 되는 사업이나 종목을 이야기할 때 '캐시카우'라는 표현을 쓴다. '캐시카우'는 보스턴 컨설팅 그룹(Boston Consulting Group)에서 기업의 경영전략 수립을 위해 개발한 사업 포트폴리오 분석기법인 BCG 매트릭스에서 나온 용어이다.

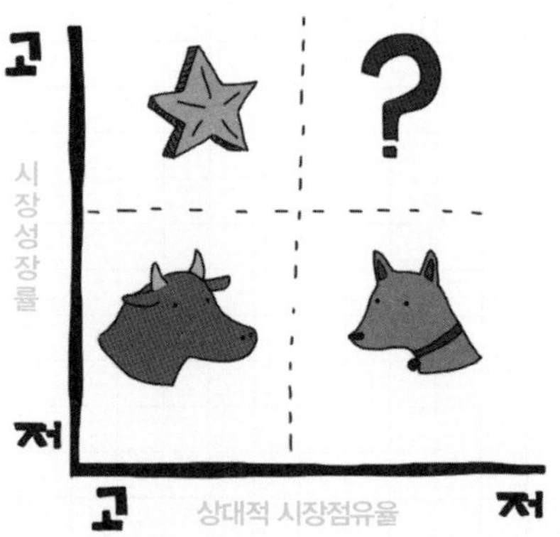

스타(Star) 사업은 수익성과 성장성이 크므로 향후 사업의 성공을 위해 지속적인 투자가 필요한 영역이다. '캐시카우(Cash Cow) 사업'은 미래의 시장성장률은 낮지만 현재의 수익 창출원으로 지금은 돈을 많이 벌어들이는 사업 영역이다.

반면, 현재는 상대적으로 낮은 시장점유율을 가지고 있으나 높은 시장성장률이 기대되는 사업은 물음표(Question Mark) 사업이다. 이는 신규사업으로 기업의 전략에 따라서 차후 스타 사업이 될 수 있는 영역이므로 일단 투자하기로 결정한다면 상대적인 시장점유율을 높이기 위해 많은 투자금액이 필요하다. 마지막으로 도그(Dog) 사업은 점유율, 성장률 모두 낮은 사양사업으로 철수해야 한다. 기존의 투자에 매달리다가 기회를 잃으면 더 많은 대가를 치를지도 모르기 때문이다.

CHAPTER **5**

마케팅 전문가가 되는 길

TREND
BRAND identity
나이키 VS
MARKETING
4PMIX
Mr. HONG
SALE

MARKETING

브랜드 가치의 중요성

영업팀은 정신없이 바빠졌다. 대대적인 가격 인하 정책을 펴려면 우선 각 거래처가 보유하고 있는 재고물량을 일일이 확인해서 보상을 해줘야 하기 때문이다. 소비자 가격이 인하된 만큼 거래처의 마진도 조정해 주는 것이다. 거래처 재고를 모두 파악해보니 가격 인하에 따른 보상 금액만도 엄청났다.

자료를 살피던 마신애는 어이가 없었다.

"만날 재고 없어 팔 게 없다고 영업이며 거래처며 난리를 치더니, 재고 보상할 때는 어디서 이렇게 재고가 줄줄이 나오는 건지……."

하지만 영업팀에서 일일이 재고 실물을 조사해서 나온 자료이니 믿지 않을 수도 없었다.

마신애는 본사와 협상도 해야 했다. 파인애플코리아가 본사에서 받아오는 제품의 가격을 낮추거나 지원을 받아야 가격 인하로 인한 손해를 최소화할 수 있기 때문이다.

마신애는 한국의 디지털카메라 제품 경쟁 현황과 브랜드 선호도 자료를 보내주며 본사를 설득했지만 아직까지 속 시원한 대답을 듣지 못하고 있었다.

"본사는 여전히 브랜드 파워만 믿고 가격프리미엄을 포기하지 않으려고 해요."

입이 반쯤 나온 마신애가 불만을 토로했다.

"우리 브랜드가 워낙 대단했잖아요. 변화를 인정하기가 쉽진 않겠죠. 더구나 한국 시장은 글로벌 상황과 차이가 있고요."

홍 대리는 본사의 입장을 이해하면서도 걱정이 됐다. 기업의 브랜드 가치는 소비자의 마음에 따라 얼마든지 바뀔 수 있는 것이란 사실을 뼈저리게 느끼고 있었기 때문이다.

이런 저런 생각에 불안해진 홍 대리가 마신애에게 물었다.

"브랜드의 힘이란 과연 뭘까요?"

마신애의 똑 부러지는 대답이 이어졌다.

"브랜드를 이야기할 때 자주 등장하는 게 바로 코카콜라와 펩시콜라의 사례죠. 상표를 가리고 테스트를 하면 펩시콜라를 선호하는 사람들이 많지만, 브랜드를 보여주면서 테스트를 하면 코카콜라를 선호하는 사람이 훨씬 많다고 해요."

홍 대리도 예전에 들어 본 이야기였지만 새삼 브랜드의 힘이 얼마나 중요한지 다시 한 번 실감하게 되었다.

마신애는 이야기를 덧붙였다.

"코카콜라는 오랫동안 세계 브랜드 가치 1위의 자리를 지켜왔죠. 얼마 전 신문에서 관련 기사를 봤는데 그 가치를 돈으로 환산하면 778억 달러라고 하더라고요. 그걸 우리 돈으로 계산하면…… 약 93조 정도 되겠네요."

엄청난 브랜드 가치에 '헉!' 하고 놀라던 홍 대리는 모르는 게 없는 마신애에게 또 한 번 놀랐다.

'누가 될지 모르겠지만 나중에 마신애씨 남편 되는 사람은 고생깨나 하겠어. 저렇게 매사에 잊어먹는 것 없이 정확하니 얼마나 잔소리를 할까? 뭐, 그래도 살림은 야무지게 하겠네.'

엉뚱한 상상을 하던 홍 대리는 왠지 머쓱해져서 다시 브랜드에 대한 얘기를 계속했다.

"강력한 브랜드는 정말 우리가 생각하는 것 이상의 가치인 것 같아요."

홍 대리는 지난달, 엄마가 조카에게 신발을 사준 이야기를 꺼냈다.

"얼마 전에 어머니께서 조카에게 운동화를 한 켤레 사 주셨거든요. 유명한 N 브랜드를 OEM해서 납품하는 회사 제품인데, 물건은 N 브랜드 것이랑 같고 로고만 없는 신발이었어요. 그런데, 조카가 로고가 없으니 신기 싫다고 울며 떼쓰는 바람에 할 수 없이 가격이 몇 배나 더 나가는 N 브랜드 신발을 다시 사다 줬잖아요. 똑같은 신발이지만 로고가 있는 것과 없는 것의 가격 차이가 바로 N 브랜드의 가치 아니겠어요?"

마신애는 고개를 끄덕였다.

"만약 그 운동화처럼 우리 제품에 파인애플 브랜드 로고가 빠져 있다면 우리 제품은 과연 얼마에 팔릴 수 있을까요? 그런데, 우리 브랜드는 점점 힘을 잃어가고 경쟁 브랜드들은 치고 올라오니 어떻게 대처해야 할지 모르겠어요. 브랜드 가치라는 것이 순식간에 떨어질 수는 있지만 결코 하루아침에 만들 수 있는 건 아니니까요."

단골고객의 이탈

"얘, 너희 회사 망하니?"

이게 무슨 자다가 봉창 두드리는 소린가. 엄마의 뜬금없는 질문에 아침 식사 중이던 홍 대리는 하마터면 국물을 뿜을 뻔했다.

"네? 누가 그래요?"

"나도 너희 회사 어렵다고 신문기사 난 걸 보긴 했는데, 어제 노래교실에서 상훈이 엄마가 이상한 소릴 하잖아. 너희 회사 곧 망한다던데 지난번에 산 텔레비전 AS는 어떻게 하느냐며 걱정하더라고."

엄마는 애써 아무렇지도 않은 듯 말했지만 두 눈에는 이미 걱정이 가득했다. 홍 대리는 엄마를 안심시키며 대답했다.

"에이, 망하기는요. 걱정 마세요. 우리 회사가 워낙 세계적으로 유명하다 보니까 조금만 힘들어져도 언론에서 떠드는 거예요. 다른 경쟁사들이 그런 기사를 쓰도록 일부러 부추기기도 하고요."

"그럼, 너희 회사는 괜찮은 거니?"

"네, 괜찮아요. 본사가 예전보다 조금 힘들어지긴 했지만 한국지사가 철수할 정도는 아니에요. 참, 그럴 리도 없지만 만일에 한국지사가 철수하더라도 기존 고객들 때문에 서비스센터는 계속 남아 있어요. 그러니까 상훈이 어머니께도 걱정하시지 말라고 전해 주세요."

엄마 앞에서는 태연한 척했지만, 홍 대리도 파인애플사의 어려운 사정을 이미 알고 있었다.

각종 신문들은 파인애플사의 실적 부진과 더불어 우주전자와 같은 국내 기업의 약진에 대한 기획 기사를 연일 쏟아내고 있었다.

경쟁사 중 외국 브랜드인 H사는 국내 대기업과의 치열한 경쟁에서 승산이 없다는 판단을 내리고 한국시장에서 철수하기로 하면서, 수백 명의 직원이 일자리를 잃게 됐다는 소식도 들렸다. 그 때문인지 파인애플사 역시 한국지사를 정리할지도 모른다는 소문이 돌기 시작했다.

하루하루 무슨 일이 벌어질지 예측하기 힘든 분위기였다. 마치 거대한 파도에 몸을 맡기고 허우적대고 있는 것만 같아서 홍 대리는 깊은 무력감을 느꼈다.

"홍 대리, 오늘 저녁에 뭐해? 특별한 일 없으면 술이나 한잔 하자."

홍 대리를 찾아온 영업팀 박 대리도 꽤나 우울한 표정이었다. 옆자리에서 그 이야기를 들은 마신애가 박 대리를 빤히 쳐다보고 있었다. 눈이 마주친 박 대리는 어쩔 수 없다는 듯 마신애에게도 물어보았다.

"마신애 씨도 저녁에 약속 없으시면 같이 가실래요?"

"네! 그래도 될까요?"

마신애가 마치 기다렸다는 듯이 냉큼 대답하자, 박 대리는 당황했다. 아직까지 마신애를 깐깐도도녀로 알고 있는 박 대리로서는 오랜만에 갖는 술자리에 그녀가 오는 것이 썩 내키지는 않았다.

"네? 그, 그래요. 그럼 7시에 정문 앞에서 만나요."

"어디로 갈까?"

마신애와 같이 내려온 홍 대리가 물었다.

"글쎄. 오늘은 어째 술 많이 먹으면 더 속상할 것 같다. 그냥 간단히 한잔하려면 '어묵바' 어때?"

"나는 좋은데 마신애 씨가 괜찮을까? 자리도 불편하고……."

홍 대리가 마신애를 쳐다보았다.

"저는 어디든 괜찮아요. 두 분 좋으신 곳으로 가요."

박 대리는 마신애를 돌아보며 생각했다.

'마신애 씨가 언제부터 저렇게 성격이 좋아졌지?'

오랜만에 찾아간 '부산어묵'은 여전히 사람들로 북적거렸다. 예전에는 30분씩 줄을 서야 겨우 한 자리를 차지할 수 있었지만 오늘은 운좋게도 막 자리를 나서는 팀이 있어서 바로 자리를 잡을 수 있었다.

"마신애 씨, 이 가게가 원래는 저쪽 골목에 있었는데 크기가 지금 매장의 반도 안 됐어요. 한두 평 정도 됐나? 기다란 어묵바 하나에 의자 몇 개가 다였는데, 안쪽에 있는 손님이 화장실이라도 가려면 줄줄이 다 일어서야 할 정도였다니까요."

'부산어묵'의 오랜 단골인 박 대리가 마신애에게 예전 가게의 모습을 설명해줬다. 홍 대리도 몇 년 전, 박 대리 소개로 이 가게를 알고 단골이 되었다.

"그때는 불편하긴 했어도 여기 어묵이 맛있다고 소문나서 한참동안 줄 서서 기다렸다가 어묵 몇 꼬치에 소주 한 병씩 먹고 가는 재미가 있었어요. 또 가게가 작다 보니, 처음 보는 사람들끼리도 금방 친해져서 잔도 부딪치고 그랬죠. 그래서 저는 여기로 확장이전하고 나서 예전 가게가 많이 그리워요. 여기 와서는 어묵 값도 오르고 사람 냄새도 덜 나고……."

그때, 주인 아줌마가 박 대리를 알아보고 인사를 건넸다.

"오랜만에 왔네. 조금만 기다려."

주인 아줌마는 박 대리 일행은 내버려두고 새로 온 손님의 자리부터 치워주더니 마침 나온 안주를 다른 자리에 갖고 갔다. 다른 테이블의 손님들 계산해 주랴, 새로 오는 손님이 앉을 자리를 마련하랴, 주인 아줌마는 손이 두 개라도 모자랄 지경이라 박 대리 일행은 한참동안 멍하니 기다려야 했다. 하지만 기다리는 데에도 한계가 있지 가게에 들어온 지 20분이 넘어서는데도 관심을 갖지 않자, 보다 못한 박 대리가 직접 자리를 정리하고 주방에 가서 그릇과 수저, 그리고 소주 한 병을 꺼내왔다.

"오늘따라 아줌마가 더 바쁘네요. 하하."

박 대리가 넉살 좋게 웃으며 말했다.

'부산어묵'은 자리에 앉아서 바에 있는 어묵을 직접 꺼내먹는 구조로 되어 있었다. 보통은 다른 음식을 시키지 않고 어묵을 안주 삼아 술을 마시곤 했다.

"안주 안 시켜?"

그제서야 박 대리 일행에게 다가온 아줌마가 물었다.

"오늘은 그냥 어묵만 먹을게요."

"그래도 단골이 안주를 시켜줘야지. 나도 요즘 힘들어."

아줌마는 별도로 안주를 시키기를 강요했다. 박 대리는 어쩔 수 없이 노가리 세트와 은행 세트를 시켰다.

"단골이라 그렇죠 뭐, 하하하……."

박 대리는 머리를 긁적이며 웃었다.

"단골이면 더 잘해줘야 하는 거 아닌가요?"

마신애가 던진 말에 일순 분위기가 싸해졌다.

"단골이면 다른 손님보다 서비스를 잘해주던가 더 깎아줘야지 왜 희생을 강요하죠? 저는 여기 다시는 오고 싶지 않네요. 장사 좀 잘된다고 손님을 너무 막 대하는 거 아네요?"

마신애가 틀린 말 한 것은 하나도 없었지만, 홍 대리는 박 대리가 민망해할까 봐 조금 걱정이 되었다.

다행히 어묵 맛은 여전했다. 마신애도 "여기 어묵 하나는 정말 맛있네요."라면서 맛있게 먹었다.

자리를 끝내고 나와 화장실에 간 마신애를 기다리는 동안 박 대리가 힘없이 말했다.

"홍 대리, 나 이제 여기 안 올래. 사실 예전에도 내가 먹은 것보다 계산을 조금 더했기에 '바빠서 실수하셨겠지.'하고 지나친 적이 있거든. 근데 오늘도 우리가 먹은 것보다 어묵 몇 꼬치 계산을 더 했네……. 그래도 내가 여기 계속 오니까 제멋대로 해도 된다고 생각하나 봐. 나 여기 7년 단골인데 이제 그만 와야겠다. 아줌마야 뭐, 내가 오는지 안 오는지도 잘 모르겠지만 말이야."

홍 대리는 문득 지금 회사 상황도 이 어묵집과 비슷하다는 생각이 들었다. 파인애플사도 이름 없고 작은 브랜드였을 때는 고객 한 명, 한 명이 정말 소중했을 것이다. 하지만 세계적인 명성을 얻고 나서도 초심을 잃지 않았는지는 생각해봐야 할 문제였다.

고객이 언제까지나 파인애플 브랜드에 한결같이 충성할 것이라는 기대는 착각에 불과했다. 사실 충성도 높은 단골 고객에게는 더 좋은 서비스로 만족시켜줘야 한다. 그러나 '충성심이 높은 고객이니 당연히 우리 것을 사겠지.'라는 안일한 생각으로 신규 고객에만 집중한다면 기존 고객들은 언제든 떠나갈 수 있는 것이다.

홍 대리는 문득, 고장 난 디카를 들고 씩씩거리며 회사를 찾아왔던 고객이 생각났다.

'그분은 여전히 우리 브랜드를 사랑하고 계실까?'

심란한 마음에 깊은 한숨이 새어 나왔다.

"소비자의 마음은 갈대와 같은 것 같아. 있을 때 잘해야 하는 여자 친구처럼 말이지."

쓴웃음을 짓는 홍 대리의 어깨를 감싼 박 대리가 눈을 게슴

츠레 뜨면서 장난스럽게 물었다.

"근데, 요즘 마신애 씨가 영업팀 직원들 사이에서 부쩍 인기가 좋아진 거 알아? 마케팅 마녀에서 마케팅 여신으로 다시 태어났다니까? 여신이랑 같은 사무실에서 근무한다고 홍 대리 부러워하는 남자 직원도 많아."

홍 대리는 두 사람을 향해 걸어오는 마신애를 말없이 바라볼 뿐이었다.

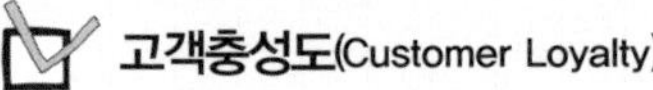

고객충성도(Customer Loyalty)

고객충성도란 고객이 제품이나 브랜드에 대해 몰입하는 정도를 말한다. 기업에서 고객충성도를 관리하는 궁극적인 목적은 고객의 반복구매가 이루어지도록 하는 것이다.

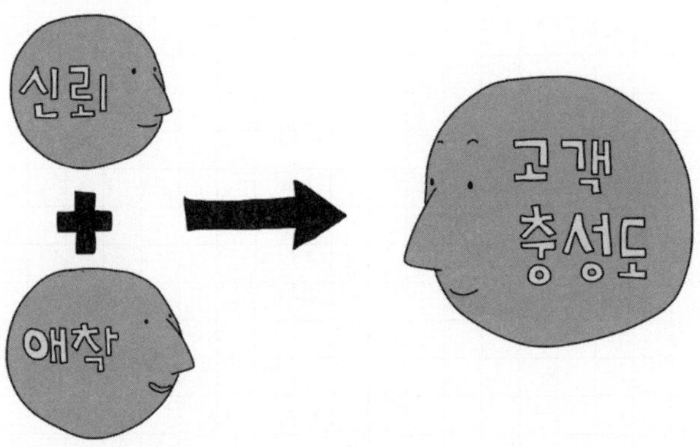

고객충성도를 높이기 위해서는 신뢰(Trust)와 애착(Affect) 모두가 중요하다. '신뢰'는 기업이나 브랜드의 서비스, 정직성, 진정성, 고객에 대한 배려에서 나오는 것이고 '애착'은 기업이나 브랜드의 차별화된 문화와 개성에서 형성되는 것으로 제품의 사용에서 자부심을 느끼는 것이다.

고객충성도를 형성하는 '신뢰'와 '애착'의 영향은 제품이나 브랜드마다 다를 수 있다. 쉬운 예로 A사와 S사에서 출시되는 스마트폰을 비교해보면 같은 제품군에서도 브랜드에 따라서 고객충성도의 요인이 다르다는 것을 알 수 있다.

국내 시장에서 A사 스마트폰의 경우는 제품이나 기업에 대한 '신뢰' 보다 제품의 혁신성으로 인한 차별화된 개성을 중시하는 '애착'의 영향이 높아 충성 고객이 많으며, 반면에 S사의 스마트폰은 제품에 대한 '애착'보다 기업이나 브랜드에 대한 '신뢰'가 더 큰 영향을 차지하는 것으로 나타났다.

최근 기업에서는 브랜드에 대한 확고한 '애착'이 기업의 운명을 좌우하는 중요한 열쇠라고 인식하고 그를 위한 독창적인 문화 형성에 주력하고 있다. 그러나, 아무리 브랜드에 대한 '애착'이 높다고 하더라도 '신뢰'가 한 번 무너지면 다시 회복하기 어려우므로, 어느 한 가지만으로는 고객충성도를 지속적으로 성장시키기 어렵다.

이덕장 대표의 사임

여느 때와 다름없던 어느 날, 이덕장 대표의 사임 소식이 들려왔다. 직원들조차 신문 기사로 먼저 소식을 접했을 만큼 갑작스러운 결정이었다. 직원들은 이 대표의 사임을 두고 사실상 경질이나 마찬가지라며 수근댔다.

파인애플코리아의 주력 상품이었던 TV가 이덕장 대표 취임 이후 국내 전자회사의 경쟁력 강화로 매출이 급격히 떨어졌고 스마트폰의 급습으로 디지털카메라의 매출도 꺾이면서 전체 이익률이 악화됐다.

조직을 개편하고 인력을 감축하라는 압박에도 불구하고 이덕장 대표는 책임을 직원들에게 돌릴 수 없다며 끝까지 버텼고, 결국 본사는 고집을 꺾지 않는 그를 경질시킬 수밖에 없었던 것이다. 이덕장 대표의 사임의 충격이 채 가시기도 전에 나잘난 이사마저 그만둔다는 소문이 돌기 시작했다. 곧이어 고장수 팀장이 마케팅 본부장으로 승진할 것이라는 이야기도 들렸다.

나잘난 이사 밑에서 충성하는 듯했던 고 부장은 이 대표의 사임 뒤에 태도가 급변했다. 나 이사에게 깍듯이 쓰던 어투가 사라진 것은 물론이고, 웬만한 일은 보고도 하지 않은 채 스스로 전결 처리해버렸다.

"나는 말이야, 영업팀 사람들이 끔찍하게 싫어. 수준이 낮아서 그런지 만날 마케팅한테 말도 안 되는 요구만 하고 말이지. 영업에서 온 홍 대리도 내가 본부장으로 있는 한 과장 승진은 꿈도 꾸지 못하게 될 거야."

고 부장은 틈만 나면 '사시미파'를 모아놓고 이렇게 거들먹거리곤 했다.

홍 대리는 심각하게 '고장수 부장님이 진짜 본부장으로 승진하면 나는 회사를 그만 둬야 하나?'라는 고민을 하기 시작했다. 그러면서도 한편으론 '내 할 일만 잘하면 되지.'하면서 불안함을 떨치려 애썼다.

하지만 이러한 홍 대리의 걱정은 얼마 지나지 않아 현실로 나타나게 되는데…….

마케팅,
설 곳을 잃다

홍 대리는 스마트폰과의 경쟁을 피할 수 있는 제품을 내세워야 승산이 있다고 판단했다. 그래서 스마트폰에 장착된 카메라와는 비교도 안 될 만큼 성능이 뛰어난 고가의 하이엔드 모델의 마케팅 전략을 준비했다. 그러나 하이엔드 카메라 시장은 보급형 디지털카메라에 비해 고객층이 한정되어 있었다. 따라서 무엇보다 시장을 키울 수 있는 전략이 필요했다.

홍 대리는 '제대로 된 사진을 찍고 싶다면 반드시 필요한 카메라'라는 점을 어필하며 하이엔드 소비자층을 확산시키기 위해 최선을 다했다.

밤낮없이 뛰어다닌 노력이 다행히 결실을 맺어 홍 대리가 담당한 하이엔드 제품은 그 분야에서 시장점유율 1위를 차지

했다. 고가의 하이엔드가 워낙 이익률이 좋은 데다가 저가형 제품까지 박리다매 전략으로 가면서 판매량을 늘린 덕분에 전반적으로 좋은 실적을 올릴 수 있었다.

이제 홍 대리가 영업팀 출신이라 마케터로서의 자질이 모자라다고 말하는 사람은 아무도 없었다. 하지만, 보이지 않는 곳에서 무슨 일이 일어나는지는 알 수 없는 법이었다.

"홍 대리, 나 좀 보지."

나잘난 이사가 그만두자마자 마케팅 본부장으로 승진한 고장수가 홍 대리를 불렀다.

"홍 대리, 디카 그만큼 했으면 다른 제품도 좀 해 봐야지."

"네?"

"원래 PM들끼리 이동 자주 하잖아. 이번에는 홍 대리가 뮤직플레이어를 담당해봐."

하지만 뮤직플레이어는 스마트폰으로 인해 시장이 완전히 잠식된 상태였다.

"디카에서도 잘했으니 거기 가서도 잘할 거야."

고장수 본부장은 마음에도 없는 소리를 하며 홍 대리를 독촉했다. 홍 대리가 너무 갑작스럽다며 조금만 더 고민할 시간을 달라고 부탁하자 고장수는 능글맞게 웃으며 대답했다.

"그래, 한번 잘 생각해봐. 그리고 되도록 빨리 결정해서 알려줘. 뮤직플레이어 쪽에 홍 대리가 가서 할 일이 아주 많이 있거든."

파인애플코리아에서 PM들이 자리를 바꾸는 것은 흔한 일이었다. 하지만 마케팅 능력과 상관없이 제품군을 잘 맡아야 성공과 승진이 보장되는 것 또한 공공연한 사실이었다.

얼마 전 본사로 간 민 과장 또한 캠코더 시장이 급성장할 때 캠코더 PM을 맡아 승진했고, 디지털카메라가 급성장할 때 디지털카메라 PM으로 옮기게 되면서 계속 승승장구할 수 있었다.

고장수 이사가 겉으로는 홍 대리가 뮤직플레이어의 구원투수가 될 거라며 추켜세우고 있지만 사실 이번 PM 이동은 좌천이나 다름없었다. '사시미파'의 행동대장이 디지털카메라를 맡기로 내정되었다는 것만 봐도 알 수 있었다.

홍 대리는 내년에 과장 승진 대상이었기 때문에, 지금 옮기게 되면 승진 전 마지막 평가를 뮤직플레이어 쪽에서 받아야 했다. 반대로 '사시미파' 행동대장은 디지털카메라 쪽으로 와서 평가 받기 때문에 그동안 홍 대리가 이루어놓은 성과를 자신의 점수로 인정받아 손쉽게 승진하게 되는 것이다. 홍 대리의 입장에서는 생각만 해도 억울하기 그지 없는 일이었다.

홍 대리는 고심 끝에 김독불 영업 본부장을 찾아갔다. 홍 대리가 영업에서 마케팅으로 올 때, 김 이사가 했던 말을 기억하고 있었기 때문이다.

'마케팅에 가서도 영업을 중요하게 생각하는 그 마음 잊지 말고 몇 년 경험 잘하고 다시 영업으로 돌아오게. 그래서 진정한 마케팅을 영업에서 완성해 보게나!'

"본부장님, 정말 오랜만에 인사드립니다. 그동안 잘 지내셨어요?"

"어이, 홍 대리. 마케팅팀에서의 활약은 익히 들어 알고 있어. 우리 잘나가는 홍 대리가 무슨 고민이라도 있나?"

홍 대리는 자신의 고민을 솔직하게 털어놓았다. 자신을 아끼는 데다 장단점도 잘 알고 있는 김독불 본부장이라면 현명한 충고를 해 줄 것이라고 판단했기 때문이다. 그러나 김독불 본부장은 영업팀에 돌아오고 싶어 하는 홍 대리의 생각에 회의적이었다.

"홍 대리도 잘 알겠지만 요즘 매출로는 영업조직도 어떻게 될지 몰라. 전사적으로 곧 조직 개편도 있을 예정이라 당장은 부서 이동이 쉽지 않을 거야. 게다가 지금 박 대리, 이 대리, 조

대리 모두 승진 대상이라 여기 오면 승진하기는 더 힘들 수도 있어. 일단 마케팅팀에서 과장 달고 난 후에 팀장급으로 오는 것으로 생각해보자고."

홍 대리는 약간 실망했지만, 적당히 좋은 말로 넘어가지 않고 이렇게 허심탄회하게 말해 주는 김 이사가 오히려 고맙게 느껴졌다.

과거 영업팀에 근무할 때는 회사에 출근하는 게 싫을 정도로 두려워했던 영업 본부장이지만 이제 소속도 달라지고 홍 대리도 많이 성장해서인지 무서운 상사라기보다는 편안한 선배로 느껴졌다.

"홍 대리한테 할 얘기는 아니지만, 사실은 나도 어떻게 될지 몰라. 거액 연봉에 오라는 곳이 있어서 말이야."

슬쩍 자기 자랑을 하면서 찡긋 웃는 김독불 본부장이 이렇게 귀여운 면이 있다는 것은 홍 대리도 오늘 처음 알았다. 사업도 잘되고 조직 분위기도 좋았다면 존경하는 멘토로 삼을 만한 분이었는데 그럴 기회가 없어져 아쉽기도 했다.

홍 대리는 조금 더 시간을 가지고 천천히 자신의 진로에 대해 신중하게 고민해 보기로 했다.

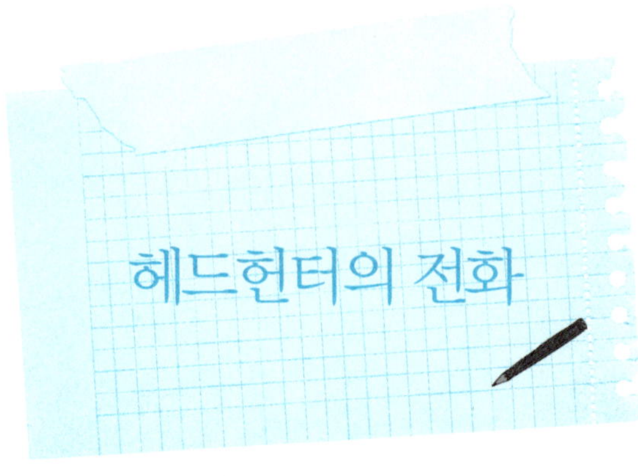

헤드헌터의 전화

파인애플사의 사업 상황이 악화된 것은 마케팅의 잘못도, 경영자의 잘못도 아니었다. 다만 갑작스러운 환경 변화에 적절하게 대응하지 못해서였다.

홍 대리는 비즈니스의 성공은 마케팅만으로 되는 것이 아니라는 걸 다시 한번 실감했다. 기획, 마케팅, 영업 등 비즈니스의 모든 영역을 요동치는 환경의 변화에 맞추는 기업만이 살아남을 수 있는 것이다.

정신없이 지내던 어느 날, 홍 대리에게 한 통의 전화가 걸려왔다.

"파인애플코리아 마케팅팀 홍 대리님이시죠?"

시원시원한 목소리가 수화기 너머로 흘러 나왔다.

"네, 그런데요? 누구……."

"저는 '글로벌서치코리아'의 지혜은이라고 해요. 홍 대리님께 좋은 자리 제안하고 싶어서 연락 드렸어요."

헤드헌터였다. 홍 대리는 처음 받아보는 헤드헌터의 전화에 깜짝 놀랐다.

"어떻게 저를 아셨어요?"

"다 아는 방법이 있죠. 어느 회사에서 누가 어떤 일을 하는지 다 파악하고 있어야 진정한 헤드헌터 아니겠어요? 최근에 진행하신 디지털카메라 마케팅이 굉장히 성공적이었잖아요. 이 정도 경력이면 홍 대리님은 충분히 마케팅 전문가로 인정받으실 수 있어요."

지혜은은 자기 분야에서는 누구보다 뛰어난 헤드헌터라는 자부심을 가지고 있었다.

"사실은 누군지 밝힐 수는 없지만 어떤 분께서 홍 대리님을 적극 추천하셨어요. 이번에 새로 한국에 진출하는 회사에 아주 괜찮은 자리가 있어서 말이죠. 거기서는 홍 대리님처럼 FMCG(Fast Moving Consumer Goods, 빠르게 변화하는 소비자 제품) 마케팅 전문가를 원하고 있어요. 특히 홍 대리님은 영업경력까지 있으시니 영업을 이해하는 마케터로서 더욱 인정받으실 수 있을 거예요. 제가 말씀 드릴 포지션은 마케팅 팀장 자리이고 연봉도 지금 수준보다 훨씬 높을 거예요. 세계적으로 유명한 회사니까 브랜드도 빠지지 않고요. 만약 홍 대리님께서 이 자리를 맡으시면 추후 글로벌 기업의 한국지사장직에 도전하시는 데도 분명 큰 도움이 될 겁니다. 홍 대리님 생각은 어떠세요?"

홍 대리는 처음 받은 헤드헌터의 제안에 기분은 좋았지만 선불리 결정할 수 없어 머뭇거렸다. 지혜은은 이미 예상하고 있었다는 듯 차분하게 다시 말했다.

"자세한 업무 내용은 제가 메일로 보내드릴게요. 그쪽에서 적임자를 급하게 찾고 있어서 시간을 많이 드리지는 못하지만 진지하게 생각해보시고 연락 주세요."

전화를 끊은 홍 대리는 자신의 마음이 급격하게 흔들리는 것을 느꼈다. 사실 영업 출신을 무시하는 고장수 부장이 본부장으로 승진한 마당에 홍 대리의 미래는 암담하기 그지없었다. 헤드헌터의 제안대로 지금쯤 이직을 하는 것이 좋은 기회일지도 모른다는 생각이 들었다.

홍 대리는 오랜만에 구수한 팀장에게 연락해서 약속을 잡았다. 퇴근 후 작은 선술집에서 만난 구 팀장은 홍 대리가 걱정

했던 것보다 훨씬 좋아 보였다.

"구 팀장님! 아니, 지금은 본부장님이시죠. 구 본부장님, 건강히 잘 지내셨죠?"

구 팀장은 파인애플코리아를 그만둔 후, 값싼 생필품을 만드는 작은 중소기업에서 영업마케팅 본부장으로 근무하고 있었다.

"월급은 거기보다 적어도 마음은 편해. 여기에서는 그저 열심히 하기만 하면 되니까. 많이 팔리면 공장 풀가동시키면 되고, 적게 팔리면 3교대 하던 생산라인을 2교대로 전환하면 되고. 또 우리 제품은 생필품이다 보니까 경기가 좋으나 나쁘나 매출이 비슷하거든. 가격이 워낙 저렴해서 이익이 많이 남지도 않지만 덕분에 우리 회사 말고 이 시장으로 뛰어드는 다른 경쟁사도 없어. 거의 독점이지. 나름 안정적이고 좋은 회사야."

홍 대리는 구수한 본부장이 만족스러운 생활을 하고 있다니 정말 기뻤다. 그러나 한편으로는 언제 자신의 고민을 털어놓아야 할지 몰라 아까부터 안절부절못하고 있었다.

"사실은 제가 얼마 전 헤드헌터한테 전화를 한 통 받았는데요."

홍 대리는 헤드헌터가 전화한 일이며, 제안의 구체적인 조건까지 상세히 설명했다.

조용히 홍 대리의 얘기를 듣고 있던 구수한 본부장이 빙긋이 웃으며 대답했다.

"사실 그 헤드헌터한테 홍 대리 추천한 사람이 바로 나야. 나 지금 다니는 회사 연결해 준 헤드헌터인데 아주 똘똘해. 부동산 중개인처럼 수수료만 챙기고 뒷일은 나 몰라라 하는 헤드헌터도 많이 있거든. 특히 스카우트 제의 왔다고 흥분해서 아무 생각 없이 옮기면 절대 안 돼. 처음에 생각했던 것보다 회사 수준이 떨어지는 경우도 엄청 많으니까. 그런데 지혜은 씨는 달라. 이직자의 경력을 개발시킬 수 있는 회사 위주로 소개하거든."

홍 대리는 자신을 헤드헌터에게 소개한 사람이 구수한 본부장이라는 사실에 깜짝 놀랐다. 말은 안 해도 자신의 능력을 믿고 지지해 주는 구 본부장이 정말 고마웠다. 최근 일도 많고 스트레스도 심하던 차에 구수한 본부장의 진심을 알게 된 홍 대리는 왈칵 눈물이 솟을 만큼 감동을 받았다.

"이번에 정말 좋은 자리가 있다면서 사람 좀 소개해달라고 하더군. 내가 들어보니 아주 좋은 기회인 것 같아서 홍 대리를 적극 추천해줬지."

구 본부장은 홍 대리의 어깨에 손을 얹고 진지한 표정으로 말했다.

"하지만 결정은 어디까지나 홍 대리가 하는 거야. 어떤 것이 홍 대리의 미래에 도움이 될지 잘 판단해서 말이지."

진정한 마케터가 되는 길

오늘도 고장수 본부장은 홍 대리를 세워놓고 혼을 내느라 여념이 없었다.

"디지털카메라 매출이 이게 뭐야? 이익률도 계속 목표에 못 미치고. 이딴 식으로 일 할 거면 당장 그만 둬!"

홍 대리가 담당하고 있는 디지털카메라 매출은 다른 제품에 비해 성과가 좋은 편인데도 고장수 본부장은 매일같이 다그치며 억지를 부렸다. 홍 대리가 뮤직플레이어 PM으로 옮기지 않고 버티는 것에 대한 일종의 보복인 셈이었다. 고장수 본부장이 승진한 날부터 홍 대리는 하루하루가 지옥처럼 느껴졌다. 이 와중에도 이렇게 견디고 있는 건 자신의 진로에 대한 고민이 아직 끝나지 않았기 때문이었다.

'어떻게 해야 하나?'

홍 대리는 마케팅 전문가가 되기 위해서 어떤 경력을 어떻게 만들어가야 할지에 대해 고민 중이었다. 직장인이라면 누구나 경력관리를 중시해야겠지만 막상 일에 쫓기다 보면 중장기적인 경력 계획을 세우는 것이 결코 쉽지 않았다. 홍 대리도 그동안 앞만 보며 달리다 보니 자신의 미래에 대해서 진지하게 생각할 시간이 거의 없었다.

'마케팅 전문가라면 나 자신도 마케팅 할 수 있어야지!'

홍 대리는 자신도 인력시장에서는 하나의 상품이나 마찬가지라는 생각이 들었다.

'나 자신을 제대로 마케팅 하려면 어떻게 해야 할까?'

홍 대리는 자신의 중장기적인 커리어플랜을 세우다 사람의 경력에도 라이프사이클이 있다는 것을 알게 됐다. 마케팅을 할 때 제품라이프사이클(PLC : Product Life Cycle, 제품수명주기)이 있는 것처럼 말이다.

제품 라이프사이클은 크게 도입기, 성장기, 성숙기, 쇠퇴기로 나누어진다. 도입기는 제품을 시장에 소개하는 시기로 제품의 가격과 이윤이 높게 책정되어 있지만 판매가 아직 저조하고 광고비와 개발비의 부담이 있기 때문에 이익을 내기 어려운 단계다. 그러다 성장기에 들어서면 제품의 매출이 증가하고 원가는 점점 낮아져 기업의 이익률이 상승하기 시작한다.

다음 단계인 성숙기는 제품이 가장 잘 팔리는 시기로 수익성이 좋아지지만 시장에 진입하는 업체도 많아져서 경쟁이 가장 치열해지는 시기다. 업체들 간 가격 인하 경쟁이 시작되는 것 또한 성숙기이다. 마지막으로 쇠퇴기에는 판매량이 급격히 줄어들고 이윤도 하락해서 제품이 수명을 다하게 된다.

홍 대리는 지금 자신이 라이프사이클 중 어느 시기에 와 있는지에 대해 생각해보았다.

'마케터로서의 나는 아직 도입기에 있는 것일까? 아니면 벌써 성장기에 진입한 것일까?'

이 판단에 따라서 홍 대리의 결정도 달라져야 했다.

만약 도입기라면 파인애플코리아에 남아 경험을 쌓으면서 성장기와 성숙기를 준비해야 할 것이다. 도입기에서 얼렁뚱땅 성장기로 넘어가는 것은 기초공사를 제대로 하지 않는 것과 같기 때문이다. 기본이 부족하면 성장기와 성숙기에서 제 능력을 발휘하지 못하고 쇠퇴기를 금방 맞게 될 것이다.

하지만 이미 성장기에 진입한 것이라면 얘기는 달라진다. 하루빨리 새로운 브랜드의 팀장 자리로 이직해서 마음껏 능력을 펼치는 것이 경력에 훨씬 도움이 된다.

제품도 도입기까지는 수익이 마이너스이다가 성장기부터 플러스로 돌아서듯이, 커리어 라이프사이클에서 도입기라면 연봉에 연연하기보다는 미래를 위해서 투자한다는 마음으로 더욱 열심히 배우는 것이 낫다. 그래야 성장기와 성숙기에서 높은 연봉을 받으며 승승장구 하게 되는 것이다.

물론, 모든 제품이 이러한 라이프사이클을 따르는 것은 아니다. 성장기에 들어서지도 못하고 도입기에 사라져버리는 제품도 있지만 아주 오랜 기간 동안 히트상품으로 자리 잡는 경우도 있다. 마찬가지로 커리어도 어떻게 관리하느냐에 따라서 얼마나 오랫동안 더 많은 연봉을 받을지가 결정된다.

홍 대리는 중소기업의 마케팅 본부장 혹은 경영자로서 성숙기를 보내고 자신의 마케팅 경험을 담은 책을 쓰면서 쇠퇴기를 보내고 싶었다.

그때였다. 휴대폰 진동이 울려 꺼내보니 액정에 지혜은의 이름이 떠 있었다. 홍 대리는 서둘러 조용한 휴게실에 들어가 전화를 받았다.

"홍 대리님, 생각은 좀 해보셨어요?"

여전히 결정하지 못한 홍 대리가 망설이자 지혜은은 충분히 이해한다는 듯 말했다.

"쉽게 결정할 수 있는 문제가 아니죠? 하지만, 홍 대리님에게 정말 좋은 기회일 테니까 긍정적으로 검토해보시고 전화 주세요."

"네, 조금만 더 고민해 보고 연락 드리겠습니다."

홍 대리는 상대방의 마음을 헤아려 주는 지혜은의 배려에 고마워하면서 차분하게 통화를 마무리했다.

PLC(Product Life Cycle, 제품수명주기)

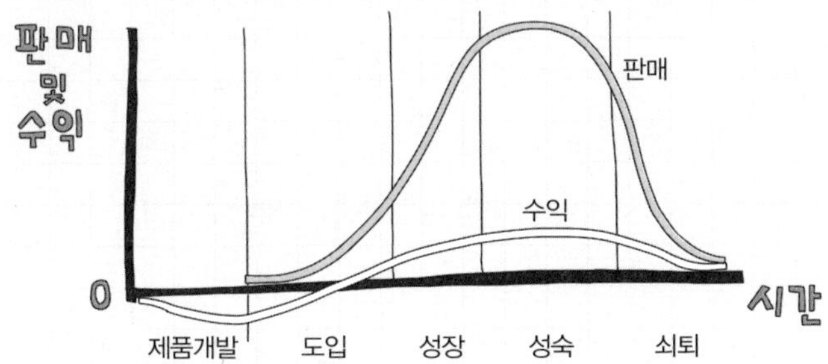

제품수명주기는 도입기, 성장기, 성숙기, 쇠퇴기로 나눈다. 제품이 어느 단계에 있느냐에 따라 제품의 수익성, 경쟁력, 위험도 등이 다르기 때문에 그 단계에 따라 다양한 마케팅 전략을 취해야 한다.

도입기는 신제품이 시장에 소개되는 시기다. 신제품 출시를 위해 투입된 개발비와 초기에 제품을 시장에 알리기 위해 지출되는 높은 광고비 등에 비해 판매량이 적은 시기이므로, 제품의 가격과 제품단위 이윤은 높아도 기업의 이익은 마이너스인 시기이다.

성장기는 제품에 대한 수요가 점점 증가하면서 시장규모도 확대되고 제품 원가도 낮아짐에 따라 판매와 이익이 증가되는 시기이다.

시장이 커지면서 기업은 매출이 가장 높고 이익도 높은 성숙기에 들어선다. 이 시기는 새로운 경쟁자가 시장에 진입하고 수요가 포화상태에 접어들면서 가격인하를 통한 경쟁을 하게 되는 시기이기도 하다.

이후 판매량이 급격히 줄어들고 가격인하로 인한 이윤도 줄어들면서 제품은 시대에 뒤떨어진 제품으로 인식되게 되는 쇠퇴기에 들어서게 된다.

그러나 모든 제품들이 반드시 제품수명주기를 따르는 것은 아니다. 어떤 제품들은 도입 시기에 바로 사라져버리기도 하고 어떤 제품은 장기적인 히트상품이 되어 지속 성장을 계속할 수도 있다. 따라서 한 제품이 어떤 단계에 있었느냐 하는 것은 시간이 지난 후에야 정확한 판단을 내릴 수 있는 경우가 많다.

특징	도입기	성장기	성숙기	쇠퇴기
판매	낮음	고성장	저성장	쇠퇴
원가	높음	평균	낮음	낮음
이익	손해	증가	최고	감소
고객	혁신층	조기 수용자	중기 다수자	최후 수용자
경쟁자	소수	증가	다수 → 감소	감소
마케팅 목표	제품인지와 사용구매 창출	시장점유율의 최대화	기존 점유율 유지 이윤극대화	비용절감, 수확
제품	기본 형태의 제품	제품 확장 서비스 품질보증	브랜드와 모델의 다양화	경쟁력 없는 제품 단계적 철수
가격	고가	저가	경쟁사에 대응하는 가격	저가
유통	선택적 유통	집중적 유통	더 많은 집중적 유통	선택적 유통
광고	조기 구매자와 중간상에게 제품인지도 구축	소비자에게 인지도와 관심 구축	브랜드 차별화와 편의를 강조	충성 고객을 유지할 수준으로 줄임
판촉	사용구매를 유도하기 위한 강력한 판촉	수요의 급성장에 따라 판촉 비중 감소	자사 브랜드로 전환을 촉구하기 위한 판촉 증가	최소 수준으로 감소

CHAPTER 6

마케팅 천재가 된 홍 대리

TREND
Mr. HONG
SALE
BRAND Identity
나이키 VS
MARKETING
4PMIX

MARKETING

마신애의 변신

헤드헌터와의 통화를 마치고 휴게실 문을 나서는 홍 대리에게 마신애가 다가왔다.

"대리님, 커피 한잔 하실래요?"

홍 대리는 갑자기 무슨 일인가 싶어 마신애를 따라 다시 휴게실로 들어갔다.

"저 사실은, 우연히 홍 대리님 통화 내용을 엿들었어요. 홍 대리님 자리에 안 계실 때 전화를 당겨 받았더니 어떤 여자분이 홍 대리님을 찾으시기에(어떤 여자가 홍 대리님을 찾는지 너무 신경 쓰여서) 궁금해서 그만……. 그런데 그분, 헤드헌터 맞죠?"

마케팅팀에 있다 보니 마신애도 눈치코치 백단이 되어버린 모양이었다.

"그래서 가실 거예요?"

마신애가 단도직입적으로 물었다.

"글쎄요……."

말끝을 흐리는 홍 대리에게 마신애가 어린 아이처럼 해맑은 표정으로 물었다.

"안 가시면 안돼요?"

홍 대리는 마신애가 하는 말이 무슨 의미인지 도통 알 수가 없었다. 홍 대리가 의아한 표정으로 쳐다보자 황급히 눈길을 피하던 마신애는 우물쭈물하면서 말을 이었다.

"아니, 홍 대리님 가시면 저 혼자 디카 마케팅 하기도 힘들고요. 또 이제야 겨우 대리님하고 호흡이 맞나 했는데 갑자기 가버리시면 저는……. 아, 참! 언젠가 대리님께서 저한테 마케팅은 함께 가는 길이라고 하셨잖아요. 물론 제가 그렇다고 대리님의 인생을 책임지겠다는 것은 아니지만……."

홍 대리는 혼란스러웠다. 마신애는 아직 고장수 본부장이 홍 대리에게 뮤직플레이어 PM으로 옮기라고 지시한 사실은 알지 못하는 게 분명했다. 하긴 요즘은 '사시미파' 모임도 안 나가니 떠도는 소문을 들을 일도 없었을 것이다.

홍 대리가 가만히 있는 것이 답답했는지 마신애는 다시 말하기 시작했다.

"지금 디지털카메라 상황이 어렵기는 하지만 그렇다고 당장 시장 자체가 없어지기라도 하겠어요? 사람들이 사진을 찍고 싶어 하는 한, '사진을 찍는 무엇'은 반드시 존재할 거예요. 우리는 단순히 디지털카메라를 파는 것이 아니라, 사진을 찍는 사람들에게 추억과 감동을 제공하는 거잖아요. 게다가 파인애플 브랜드 파워도 아직 건재해요. 여전히 우리 브랜드를 믿고 기다리는 고객들이 있는데 우리가 먼저 그들을 배신하면 안 되죠!"

'사진을 찍는 카메라를 파는 것이 아니라 추억과 감동을 제공하는 것이다?'

홍 대리는 마신애의 말을 곱씹어봤다. 마신애는 이제 마케팅의 개념을 정확히 이해하고 있었다. 단순히 물건을 파는 것이 아니라 고객에게 가치를 전달하는 마케팅까지 터득한 진정한 마케터가 된 것이다. 게다가 어느새 그녀는 브랜드를 아껴주는 고객을 사랑하는 따뜻한 감성까지 갖추고 있었다.

홍 대리는 마신애라면 한 제품의 마케팅을 이끄는 메인 PM으로서 전혀 손색이 없다고 생각했다. 아니, 오히려 홍 대리보다 훨씬 더 잘 해낼 거라고 확신했다.

"대리님, 우리가 같이 서로 믿고 힘을 합치면 아무리 어려운 상황이라도 이겨낼 수 있겠다는 자신감이 생겼어요. 제가 더 열심히 도울 테니 우리 다시 한 번 같은 길을 걸어 봐요!"

마신애의 눈빛이 전에 없이 반짝거리고 있었다.

홍 대리는 혼란스러웠다.

'마신애가 나한테 왜 이런 말을 하는 거지? 마신애는 별 뜻 없이 한 말인데 괜히 나 혼자서 의미를 크게 두는 건가? 하지만 고장수 본부장이 있는 한 승진은 힘들 텐데 좋은 기회가 있을 때 이직을 하는 게 낫지 않을까? 게다가 새로운 회사에서 도전하는 마케팅도 매력 있을 것 같긴 해. 하지만 그럼 마신애는……? 하긴 그녀야 나 없이도 뭐든 잘 할 수 있는 여자니까 내가 걱정할 필요는 없겠지. 지금 이 선택이 10년 뒤의 나의 모습을 어떻게 바꿔놓을까?'

홍 대리는 잠시 바람도 쐴 겸 건물 밖으로 나가 하늘을 바라보았다. 미래에 대한 고민으로 답답한 자신의 마음과는 달리 푸른 하늘이 시원스레 펼쳐져 있었다.

'그래, 새로운 마음으로 다시 시작하자!'

결심이 선 홍 대리는 헤드헌터에게 전화를 걸었다. 통화음이 몇 번 울리고 곧이어 지혜은의 목소리가 들렸다.

"안녕하세요? 저 파인애플코리아 홍 대리인데요. 제가 방금 결정을 내렸습니다."

홍 대리의 머리 위로 옅은 구름 하나가 흘러가고 있었다.

다시, 새로운 시작

"사장님, 이번에 뮤직플레이어 제품 새로 나온 게 하나 있는데, 온라인 전용으로 풀려고 계획 중이에요. 사장님이 그쪽 전문가이시니까 제가 내일 찾아뵙고 제품 좀 보여드릴게요."

파인애플코리아 마케팅팀에 근무하는 '뮤직플레이어 담당 PM' 홍 대리는 영업도 직접 뛰어야 했다. 영업 담당들이 단가도 낮고 매출도 안 나오는 뮤직플레이어까지 신경 쓰는 경우는 드물었기 때문이다.

'휴, 이럴 줄 알았으면, -아니, 사실은 이럴 줄 알고 있었지만- 6개월 전에 그냥 옮길 걸 그랬나?'

홍 대리는 6개월 전 지혜은에게 했던 말을 떠올렸다.

"좋은 자리 제안해 주셔서 정말 감사합니다. 그런데 아직은 파인애플코리아에서 할 일이 많이 남은 것 같아요. 제가 앞으로 1년간은 이곳에서 열심히 해보고, 이후에도 좋은 기회가 생긴다면 그때는 정말 진지하게 다시 생각해볼게요."

그 이후로, 홍 대리는 뮤직플레이어 PM으로 자리를 옮겼고 예상대로 과장 승진 심사에서 탈락했다. 파인애플코리아 내부적으로는 승진 대상이 축소된 이유가 회사 상황이 어려워서라고 밝히긴 했지만 '사시미파'의 행동대장만 유일하게 과장으로 진급한 것에 대해 뒷말이 무성했다.

하지만 홍 대리는 그런 일에 더 이상 신경 쓰고 싶지 않았다. 다만 목표로 정한 1년이라는 시간 내에 더 많은 일을 하면서 새로운 마케팅 활동에 도전해 보고 싶었다. 비록, 경쟁력이 약한 제품군을 맡아 영업까지 직접 해야 하는 현실이 힘들긴 했지만 이런 경험이 나중에 두고두고 자산이 될 것이라고 스스로를 다독이며 지내고 있었다.

“이 제품으로는 안 되겠는데?”

온라인시장에서 가장 큰 매출을 올리고 있는 대리점 사장은 홍 대리가 가져온 샘플을 보더니 고개를 설레설레 저었다.

“요즘 사람들은 조금이라도 더 큰 화면을 원한다고. 음악 들으면서 인터넷도 하고 동영상이나 영화도 봐야 하니까. 그런데 이런 쪼그만 화면으로 뭘 하겠어? 흠흠. 아, 그래도 뭐…… 디자인만큼은 엄청 예쁘게 잘 빠졌네. 와이셔츠 주머니 속에도 쏙 들어가겠어.”

혹평을 늘어놓던 대리점 사장은 좀 미안했는지 홍 대리 눈치를 슬쩍 보더니 뒷말을 덧붙였다. 홍 대리는 대리점 사장이 작고 예쁜 디자인을 강점으로 뽑는 것을 놓칠새라 급하게 말을 이었다.

“그렇죠? 작고 예쁘잖아요. 와이셔츠 주머니 속에 쏙 들어가는 뮤직플레이어 콘셉트로 직장인들에게 프로모션 해 볼까요?”

“에이, 안 돼!”

대리점 사장은 더 들어볼 필요도 없다는 듯이 잘라 말했다.

“요즘 직장인들 중에 스마트폰 안 가진 사람이 어디 있어? 아무리 뮤직플레이어가 예쁘더라도 번거롭게 따로 가지고 다니려고 하겠어?"

10년간 휴대용 플레이어 제품만 취급하면서 고객을 직접 상대했던 사람이라 누구보다 시장을 잘 파악하고 있다는 것을 알기에 홍 대리는 더 이상 고집을 부릴 수가 없었다.

"하긴, 요즘 와이셔츠도 주머니 없는 디자인이 대부분인데……."

홍 대리의 중얼거리는 소리를 들은 대리점 사장이 눈치를 보면서 얘기를 꺼냈다.

"홍 대리, 미안하지만 이번 제품은 우리가 취급을 못 하겠어. 게다가 스마트 패드 제품에 집중하느라 자금 사정도 안 좋거든. 당분간은 파인애플 제품은 힘들 것 같네, 정말 미안해!"

나이키의 경쟁상대는 닌텐도다

홍 대리는 풀이 죽어 힘없이 대리점을 빠져나왔다. 온라인 시장에서 가장 규모가 큰 거래처에서 파인애플사의 뮤직플레이어 제품을 취급하지 않겠다는 것은 무척 심각한 일이었다. 그렇다고 이미 출시된 신제품을 다시 본사로 돌려보낼 수도 없는 노릇이고 무슨 수를 써서라도 이 제품을 팔아야만 했다.

홍 대리는 사무실로 들어가기 전에 근처 경쟁사 매장에 들렀다. 국내 대기업인 우주전자도 뮤직플레이어만큼은 사정이 나빠 보였다. 뮤직플레이어는 일부만 구석에 전시되어 있을 뿐, 온통 스마트폰과 스마트패드에 마케팅을 집중하고 있었다.

가장 강력한 경쟁자인 글로벌 기업 A사 또한 마찬가지였다. A사는 뮤직플레이어 제품에 대한 마케팅 활동을 활발하게 펼치고 있었지만, 스마트폰과 스마트패드 제품에 밀려서인지 역시 매출은 잘 오르지 않는 듯했다.

'휴…….'

홍 대리는 뮤직플레이어 시장 자체가 이렇게 죽어가고 있는데, 시장에서 우위를 잡는 것이 과연 무슨 의미가 있을까 싶은 생각도 들었다. 바로 그때, 예전에 읽었던 책 제목 하나가 홍 대리의 머릿속을 스쳐 지나갔다.

'나이키의 상대는 닌텐도다'

순간적으로 머리에 강한 충격이 느껴졌다. 홍 대리는 서둘러 매장을 나와 사무실로 돌아갔다. 그리고 책상 위에 있던 스크랩 폴더를 급하게 펼쳤다. 평소 책이나 인터넷을 보면서 주요 기사들을 모아 놓은 것이었다.

부동의 세계 1위 스포츠용품 업체인 나이키는 지난 1994~1998년까지 5년 연속 세 배 이상의 경이적 성장률을 기록해오다 성장률 둔화의 기미가 보이기 시작하자 즉각 경영혁신에 돌입했다. 이때 나이키가 소니, 닌텐도, 애플 등을 새로운 경쟁상대로 규정했다는 점은 매우 인상적이다. 월드컵, 올림픽, PGA 등 세계 유수의 스포츠 행사가 날로 늘어나고 있는 이때 우리의 상식으로는 리복, 퓨마, 아디다스 등이 '당연하면서도 영원한' 나이키의 경쟁자가 아니겠는가? 그런데 왜 나이키는 뜬금없이 이들을 예의 주시했던 걸까?

답은 의외로 명쾌했다. 나이키의 주 타깃은 바로 청소년들이다. 만약 이들이 닌텐도 게임에 정신이 팔려 게임에 몰두하게 되면 집 밖에 운동을 즐기러 나가는 시간이 줄어들게 된다. 결국 운동화를 신을 시간이 줄어들면 그만큼 나이키는 매출 수익에 지장을 받을 수밖에 없다. 즉 스포츠업계와 게임업체 중 고객의 시간을 누가 더 많이 차지하는가를 놓고 경쟁하고 있는 것이다.

이것이 시사하는 바는 무엇일까? 그간 주로 같은 업종 안에서 치열하게 펼쳐졌던 시장점유율(Market Share) 경쟁이, 업종 간의 장벽이 붕괴되고 있는 시장 환경 하에서는 고객의 시간점유율(Time Share) 경쟁으로 바뀌기 시작한다는 점을 주목해야 하는 것이다.

– 〈나이키의 상대는 닌텐도다(미래시장을 읽는 8가지 트렌드)〉 중에서 –

'바로, 이거야! 내가 지금 경쟁해야 할 상대는 다른 브랜드의 뮤직플레이어 제품이 아니라, 고객들이 뮤직플레이어 대신 선택하는 스마트폰과 스마트패드야!'

홍 대리는 무릎을 치며 경쟁자를 새로 설정하고 그에 맞는 STP 전략을 짜기 시작했다. 경쟁자들보다 얼마나 차별화할 수 있는지에 따라서 성공이 판가름 날 것이다.

홍 대리는 먼저 고객세분화(Segmentation)부터 해 보았다. 현재 스마트폰, 스마트패드, 뮤직플레이어를 사용하는 고객을 분류해보니 주로 30~40대 남녀 직장인, 주부, 20대 대학생과 직장인들이었다. 그리고 시장이 크지는 않았지만, 중·고등학교 학생들 사이에서도 스마트폰이나 스마트패드의 사용이 크게 성장하고 있었다.

홍 대리는 비교적 경쟁이 치열하지 않은 중·고등학생 시장을 타깃으로 잡았다. 그 목표시장에 포지셔닝(Positioning)하는 이미지는 '작고 가벼워 언제 어디서나 휴대하기 편리한 학습도우미'라는 이미지가 좋을 것 같았다. 파인애플사의 뮤직플레이어는 스마트폰이나 스마트패드처럼 다양한 기능과 큰 화면은 없었다. 하지만 단점을 장점으로 승화시킨다면 학습도우미 이미지로서 차별화가 가능할 것 같았다.

특히, 학생들을 대상으로 하는 마케팅은 주 사용자인 학생과 구매자인 학부모가 다르기 때문에 학부모를 대상으로 마케팅하는 것이 훨씬 효과적이다. 작고 단순한 기능의 플레이어라면 학부모의 바람에도 적절하게 맞아떨어질 것 같았다.

스마트폰이나 스마트패드는 전화나 문자, 인터넷 등을 마음껏 할 수 있기 때문에 자녀들의 공부에 방해가 될까 봐 선뜻 사주기 망설여진다. 그러나 파인애플사의 뮤직플레이어는 음악과 동영상 플레이어만 가능하기 때문에 부모 입장에서는 자녀에게 안심하고 사줄 수 있는 제품인 것이다. 가격 또한 스마트 기기들에 비해서 반값 이하로 구매할 수 있어 부담이 덜하다는 것도 장점이었다.

간절히 원하면 이루어진다더니 발상을 전환하자 새로운 생각들이 꼬리에 꼬리를 물고 떠올랐다. 홍 대리는 경쟁제품들의 기능과 크기에 따라 포지셔닝 맵을 그려보았다.

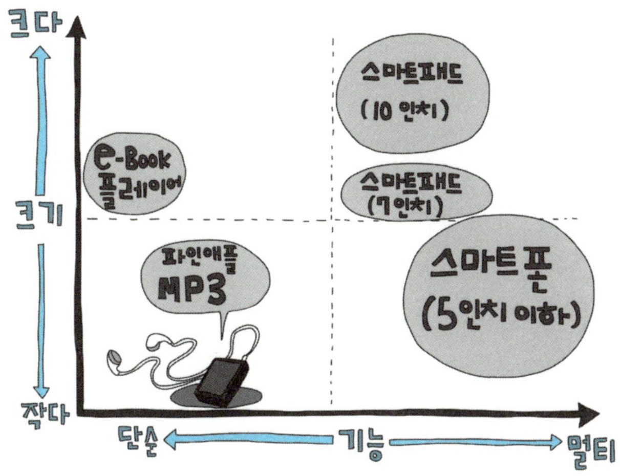

목표시장으로 정한 중·고등학생 그룹을 공략하기 위해 홍 대리는 적절한 4P 전략을 세웠다. 기존의 '작고 저렴한 뮤직 플레이어'에서 '휴대하기 편리한 학습 도우미'로 리포지셔닝(Repositioning)하기 위해서는 더 세밀하고 공격적인 마케팅 전략

이 필요했다.

'자, 이제 이걸 들고 전쟁터에 나가기 전에 총알을 받으러 가야지!'

퇴근이 가까워 오는 시간, 홍 대리는 비장한 각오로 마케팅 본부장실 문을 두드렸다.

리포지셔닝(Repositioning)

강한 남성다움의 상징처럼 여겨지는 '말보로' 담배가 최초로 출시되었을 때, 여성 흡연자를 타깃으로 삼았다는 것을 아는가? 믿기 어렵지만 분명 사실이다. 초기의 말보로는 '최초로 필터를 붙인 담배'로 그 맛이 비교적 순했기 때문에 '5월처럼 부드러운(Mild as May)'이라는 슬로건을 내세우며 '필터가 있는 부드러운 담배'라는 이미지로 포지셔닝했다. 그러나 그에 대한 시장의 반응은 썩 좋지 않았다. 이후 말보로는 서부의 카우보이 이미지와 결합시켜 새롭게 마케팅하면서 강한 남성의 이미지로 변신하여 큰 성공을 거두었다.

이처럼 제품의 판매가 침체되었거나 소비자의 욕구나 경쟁 및 환경이 변함에 따라 기존 제품의 포지션을 분석하여 새롭게 조정하는 활동을 리포지셔닝(Repositioning)이라고 한다.

한국 자동차 시장에서 중형세단의 대중화를 리드했던 '소나타'도 리포지셔닝 전략으로 성공한 케이스다. '소나타'는 처음 시장에 진출할 때만 하더라도 '최고급 성능을 가졌으나 가격은 저렴한 중형차'라는 이미지로 포지셔닝되었다. 성능은 최고급인데 가격은 저렴하니 안 팔릴 이유가 없다고 생각했던 것이다. 그러나 그 당시의 중형차는 일부 부유층만의 상징처럼 여겨지던 시기였다. 부유층은 가격이 싸다고 광고하는 중형차를 사고 싶어 하지 않았다. 이후 현대자동차는 마케팅 전략을 바꾸어 30~40대의 과장~부장급의 고객을 타깃으로 삼아 마케팅했고 보다 넓은 고객층을 확보하여 성공을 거두었다.

이처럼 타깃 고객이나 이미지를 바꾸어 성공한 사례 말고도 작은 용도 변경으로 새로운 시장을 창출하며 리포지셔닝에 성공한 사례도 있다.

현재 누구나 사용하고 있는 '포스트잇'은 처음에 '메모지'가 아닌 기존 접착제보다 강력한 접착제를 연구하는 과정에서 개발된 것이었다. 그러나 그 물질은 너무 쉽게 떼어져서 접착제로서의 역할을 할 수 없었다. 이에 '접착제'가 아닌 '흔적 없이 쉽게 떼어지는 메모지'라는 용도로 바꾸면서 전 세계적으로 대성공을 거두었다.

미국에서 물에 젖어도 찢어지지 않는 종이컵이 처음 개발되었을 때, 종이컵은 생수자판기에 사용되면서 제법 성공을 거두는 듯했다. 그러나 곧 미국의 수도 사업이 발달하면서 생수 판매가 줄어들었고 종이컵 또한 함께 사장될 지경에 이르렀다. 이후 우연한 기회에 종이컵이 '인간의 건강을 보호하는 위생적인 일회용 컵'으로 인식되면서 종이컵은 불티나게 팔려나가 개발자는 백만장자가 되었다. 개발자는 여기에 만족하지 않고 '아이스크림을 담을 수 있는 일회용 종이컵'을 개발하여 아이스크림 시장까지 동반 성장시키는 기염을 토했다.

이렇게 작은 발상의 전환과 용도의 변경만으로도 기존에 없었던 새로운 시장을 창출할 수 있기 때문에 '리포지셔닝(Repositioning)'은 마케팅 분야에서 다채롭게 시도되어 왔다.

그러나 시장의 반응이 좋지 않은 모든 제품이 리포지셔닝 전략을 통해 성공하는 것은 아니다. 기존 제품이나 브랜드에 대한 이미지가 너무 강한 경우에는 그 이미지를 변화시키기가 어렵고 새로운 이미지로 리포지셔닝하기 위한 막대한 마케팅 비용이 필요하므로 신제품의 최초 포지셔닝 전략에 비해 많은 어려움이 따르며 높은 비용을 지불해야만 한다는 단점도 지니고 있다.

새로운 시장을 창출하다

"그럼, 내가 뭘 해주면 되겠나?"

홍 대리의 보고를 받은 고장수 본부장의 반응은 의외로 나쁘지 않았다.

"좀 전에 보고 드린 대로, 학생들을 타깃으로 '언제 어디서나 동영상강의를 볼 수 있는 학습도우미'라는 이미지를 가지기 위해서는 TV 청소년 드라마 PPL(Product Placement, 협찬광고 : 영화, 드라마 등에 자사의 특정 제품을 등장시켜 홍보하는 것)과 학원가를 대상으로 한 홍보가 필요합니다. 특히, 청소년 대상 제품의 경우는 구매자인 학부모를 대상으로 마케팅 하는 것이 더 효과적이기 때문에 온라인 학부모 커뮤니티를 적극 활용하고자 합니다."

생각보다 일이 쉽게 풀릴지 모른다는 생각에 홍 대리는 서둘러 대답했다.

"칫, 결국은 돈이군?"

오늘따라 이상하게 호의적이던 고장수 본부장은 자금 얘기가 나오자마자 '개장수'의 본색을 드러내기 시작했다.

"뮤직플레이어 매출 얼마나 한다고 거기에 마케팅 비용을 쏟아부어? 디카만큼 마케팅 비용 쓰면 그만큼 많이 팔 건가?"

"시장 사이즈가 다르기 때문에 디카만큼이야 안 되겠지만 잘하면 기존에 없던 시장을 개척할 수도 있을 것 같습니다. 과거에 학생들이 전자수첩이나 PMP로 활용하던 학습도우미 시장은 스마트폰의 등장으로 거의 소멸된 상태입니다. 우리가 적극적인 마케팅 정책을 펼쳐서 중·고등학생의 10% 정도만 구매한다고 해도 결코 작은 시장은 아닙니다."

고장수는 홍 대리의 말에 귀가 솔깃했다.

'시장이 크지는 않겠지만 나중에 본사에다 우수사례(Best Practice)로 보고하기 좋겠는데!'

고장수 본부장은 내키지는 않지만 홍 대리를 위해 마지못해 수락해 준다는 듯한 표정으로 고개를 끄덕였다.

고장수 본부장의 허락으로 마케팅 전략 기금에서 약간이나마 지원을 받는 데 성공한 홍 대리는 가장 먼저 요즘 한창 인기인 아이돌 스타가 주연을 맡은 TV 드라마에 PPL을 하기로 결정했다. 남들만큼 놀면서도 한 번도 1등을 놓쳐본 적이 없는 멋진 주인공이 파인애플 제품으로 음악을 듣는 척하면서 실은 공부하고 있었다는 반전이 담긴 엔딩 장면은 온라인을 통해 청소년들에게 널리 회자되며 화제를 모았다.

홍 대리는 청소년들이 주로 모이는 지역을 섭외해서 주말마다 게릴라 콘서트를 열었다. 콘서트를 기다리는 동안 관객들이 제품을 직접 사용해 보게 하는 이벤트도 마련했다. 마케팅 비용이 넉넉하지 않아 주로 언더그라운드에서 활동하는 뮤지션 위주로 구성됐지만 파인애플 게릴라 행사 일정을 미리 알아내서 공유하는 사이트가 생길 정도로 예상보다 큰 호응을 얻었다.

또, 홍 대리는 외모가 뛰어난 아르바이트생을 모집하여 많은 학생들이 지나다니는 학원가 골목에서 제품을 직접 사용하며 서 있게 했다. 그들은 곧 학원가 얼짱으로 소문나면서 제품을 사용하고 있는 사진이 청소년들이 운영하는 블로그에 올라 큰 홍보 효과를 가져왔다.

물론, 기업체에서 실시한 마케팅이라는 것을 청소년들도 알고 있었지만 그들은 별로 개의치 않았다. 그 아르바이트생들 중

일부는 인기에 힘입어 연예계에 데뷔할 정도였다.

한편, 홍 대리는 수십만 명의 중·고등학생 회원을 보유한 온라인 학습사이트와 제휴하여 콘텐츠와 기기를 상호 지원하는 방식의 제휴마케팅을 펼쳤다. 강남의 학원가를 돌면서 학원 원장들을 대상으로 한 제품설명회도 이어갔다. 또한 학구열 높은 학부모들이 모여 있는 온라인 커뮤니티에서 공동구매를 진행하며 입소문 마케팅도 진행했다.

그렇게 반 년 남짓 마케팅 활동에 집중하는 사이, 파인애플사의 뮤직플레이어는 청소년들 사이에서 '머스트-해브 아이템(must-have item)'으로 떠올랐다. 교복 주머니에 파인애플 뮤직플레이어를 하나씩 넣고 컬러풀한 헤드셋으로 멋을 내는 모습은 이제 흔한 풍경이 되었다.

실제로 파인애플 뮤직플레이어로 열심히 공부하는 학생들이 얼마나 늘었는지는 알 수 없었지만, '청소년들이 언제 어디서나 공부하게 해주는 학습도우미'라는 긍정적인 이미지를 굳히는 데 성공한 것만은 분명해 보였다.

"홍 대리님, 우리도 파인애플 뮤직플레이어 좀 팔게 해 주세요! 우리가 온라인 매출 제일 많이 올리는 대리점이잖아요.

요즘 파인애플 뮤직플레이어 찾는 사람이 엄청 많은데 물건을 못 구해서 장사를 못하겠네."

예전에 파인애플사 제품을 취급하지 않겠다던 대리점에서는 며칠째 끈질기게 연락이 왔다. 홍 대리는 정중하게 말했다.

"사장님, 이번 제품은 지금 거래처에서 남은 물량 다 가져가서 전량 소진되었어요. 다음 신제품 들어올 때 구해 드릴게요. 그런데, 지금 거래하는 거래처가 통으로 한 번에 다 가져간다고 하면 그때는 저도 어쩔 수가 없네요. 어려울 때 함께한 거래처에게 우선권을 드리는 게 당연하지 않겠어요?"

마케팅 천재가 된 홍 대리

한국 시장에서 성공적인 마케팅을 펼친 파인애플 뮤직플레이어의 사례는 널리 회자되었다. 그도 그럴 것이 전 세계적으로 침체된 뮤직플레이어 시장에도 불구하고 한국만이 유일하게 시장을 성장시키며, 새로운 가능성을 열었기 때문이다. 이에 크게 고무된 파인애플 본사에서는 뮤직플레이어에 다양성을 더한 혁신적인 제품 개발에 들어갔다.

"홍 대리, 영어 잘해?"

어느 날 고장수 본부장이 뜬금없이 물었다.

"잘은 못하지만, 하루에 조금씩이라도 꾸준히 공부해서 지금은 본사하고 영어로 커뮤니케이션 하는 데 문제는 없을 정도입니다만…….”

홍 대리는 영문도 모른 채 대답했다.

“그래? 그 정도면 가능은 하겠네. 내년에 민 과장이 돌아와. 물론 파인애플코리아 소속이 아니라 파인애플 본사 소속의 주재원이 되어서 말이지. 민 과장이 오면 지금 공석인 마케팅 팀장 자리를 맡게 될 거야.”

“네…….”

“아마 지금 본사의 민 과장 자리로 홍 대리가 대신 가게 될 거야. 내가 보기엔 특별히 잘한 것도 없는데 본사에서는 콕 찍어서 홍 대리를 보내라네. 그쪽도 사람 보는 눈이 없어서 큰일이야.”

고장수 본부장은 마땅치 않다는 듯 시큰둥하게 말했다.

그날 오후, 홍 대리는 과장 승진 일정이 끝나는 대로 본사로 발령이 날 것이라는 통보를 인사팀에서 정식으로 받았다. 그때까지 차기 뮤직플레이어 담당자에게 인수인계를 하면서 영어 공부에만 집중하라고 했다.

파인애플사의 마케팅 직원이라면 누구나 원하는 자리로 가게 되었지만 홍 대리는 이것이 진정 자신이 원하는 길인지 확신이 서지 않아 마음이 복잡했다.

"홍 대리님, 잘 지내셨어요? 오늘이 정확히 1년 되는 날입니다. 알고 계셨어요?"

전화를 받고 보니 1년 전 홍 대리에게 연락했던 헤드헌터 지혜은이었다.

"여러 루트를 통해서 홍 대리님의 활약상을 들었어요. 대단하세요! 그렇게 성공적인 마케팅을 하는 비결이 뭐예요?"

지혜은의 목소리는 여전히 시원시원했다.

"글쎄요, 비결이라기보다는 열심히 하다 보니……. 마케팅은 결과로 말하는 것 같아요."

홍 대리는 멋쩍게 웃으면서 말했다.

"그냥 '교과서 위주로 예습, 복습만 철저히 해서 전국 수석을 했다.'라는 말처럼 들리는데요? 이러다가 조만간 '마케팅이 제일 쉬웠어요'라는 책 내시는 것 아녜요?"

여유롭게 농담을 하던 지혜은이 불쑥 본론을 꺼냈다.

"이번에 본사로 가신다는 소문도 있던데요. 본사로 가실 건가요?"

홍 대리는 지혜은의 발 빠른 정보력에 새삼 감탄했다.

"글쎄요…….'

홍 대리가 말끝을 흐리자 지혜은은 홍 대리와의 약속을 상기시키며 말을 이어갔다.

"홍 대리님, 전에 약속하셨죠? 제가 1년 후에도 제안하면 긍정적으로 검토해 주시겠다고요!"

홍 대리도 그 당시가 바로 어제의 일처럼 생생하게 떠올랐다.

'벌써 1년이라니……!'

"이번에 제안드릴 곳은 정말 홍 대리님의 탁월한 능력이 필요한 곳이에요. 국내 토종 회사이고요, 혁신적인 신소재를 개발해서 상품화하려는 계획을 갖고 있어요. 국내 시장뿐만 아니라 세계 시장까지 진출할 예정이고, 시장과 소비자의 니즈를 파악하여 상품기획부터 출시 후 마케팅영업까지 총괄하는 자리랍니다. 어떠세요? 재미있을 것 같지 않으세요?"

홍 대리는 혼란스러웠다. 본사 마케팅 담당자로 가는 것은 마케터로서 자랑스러운 일이고 커리어에 큰 도움이 될 것은 분명했지만, 몇 년간 홀로 남겨질 엄마와 사랑하는 사람들을 생각하면 마음이 편치 않았다. 지혜은이 제안한 회사에도 솔직히 관심이 가긴 했지만, 파인애플코리아를 떠나 다른 회사로 이직하는 것은 지금이 아니라도 언제든지 가능한 일이었다. 어떤 선택을 해야 할지 도무지 감이 잡히지 않았다.

홍 대리는 밖으로 나왔다. 머릿속이 복잡할 때면 바깥바람을 쐬면서 가볍게 걷는 것만큼 효과적인 것은 없었다. 시원한 바람이 홍 대리의 얼굴을 스쳤다.

'정말 고민스러워. 하지만…….'

홍 대리는 하늘을 바라보았다.

1년 전 봤던 하늘과 똑같은 하늘일진대, 그날의 두려웠던 마음은 온데간데없었다.

'이건 정말 행복한 고민이잖아!'

홍 대리는 하늘을 향해 환한 웃음을 지어 보였다.

마케팅 천재의 러브 스토리

"상훈이 엄마가 너 소개팅 시켜준단다. 조카딸이 하나 있는데 착하고 참하기까지 하대. 너도 이제 그만 장가가라. 엄마도 이만큼 너 키웠으면 좀 쉬자."

요즘 들어 부쩍 장가가란 소리를 하는 엄마 때문에 홍 대리는 은근히 눈치가 보였다.

"엄마, 요즘 일이 너무 바빠서 그럴 시간이 없어요. 그나저나 오늘은 노래교실 안 나가세요? 서두르셔야지 이러다 늦겠어요."

홍 대리는 이번에도 어떻게든 은근슬쩍 넘어가보려고 말을 돌렸다.

"야, 이놈아! 일요일인데 무슨 노래교실을 나가? 말 돌리지 말고 다음 주 금요일 저녁으로 날 잡을 거니까 그렇게 알고 있어. 초등학교 선생님인데다가 성격도 사근사근하고 얼굴도 예쁘대. 상훈이 엄마가 조금 뻥은 있어도 없는 소리 하는 사람은 아니야. 그러니까 군소리 말고 이번에는 선 봐! 그날도 야근 핑계 대고 안 나가면 내가 너희 회사로 찾아갈 테니 그런 줄 알아라. 너희 회사 사장님 만나서 우리 아들 장가가야 하니 하루만 일찍 보내달라고 해야지."

"아, 엄마!"

진짜로 그렇게 하고도 남을 엄마라는 것을 아는 홍 대리는 펄쩍 뛰었다.

"아, 깜짝이야. 이놈아. 그렇게 소리 지를 힘 있으면 아꼈다가 여자 친구 만드는 데나 써라. 상훈이는 벌써 애가 둘인데 너는 아직 장가도 못 갔으니 내가 마음이 급할 수밖에 더 있어? 이번에는 무조건 선보고 결혼 날짜까지 받아 와!"

홍 대리는 난감했다.

"너도 그 정도면 회사일도 자리 잡았는데 대체 왜 결혼 생각이 없다는 거야? 네 아빠 봐라. 인생에서 일이 전부가 아냐. 결혼할 때 결혼하고 애 낳을 때 애 낳는 게 행복이지. 그런데 허구한 날 회사에만 틀어박혀 있으니 대체 언제 연애하고 어느 세월에 장가를 가겠냐고. 어이구, 답답해."

가슴을 탁탁 치면서 잔소리를 퍼붓는 엄마를 바라보던 홍 대리는 이제는 털어놓을 때가 됐다고 생각했다. 홍 대리는 수줍은 듯 이야기를 꺼냈다.

"엄마, 사실은 저 만나는 사람 있어요. 예쁘고 똑똑하고 다른 사람을 배려할 줄 아는 그런 여자예요. 다음 주쯤에 저녁 식사 자리 마련할게요."

엄마의 눈이 휘둥그레졌다.

"야, 이놈아! 여자 친구가 생겼으면 당장 엄마한테 소개해 줘야지. 근데 어떤 처자야, 응? 어떻게 만났는데? 그나저나 그동안 왜 얘기를 안 했어? 이 엉큼한 놈 같으니!"

엄마가 호들갑을 떨면서 물었다.

홍 대리는 대답을 하기도 전에 벌써 히죽거리기 시작했다. 엄마는 도저히 믿기지가 않는다는 듯 홍 대리를 빤히 쳐다보며 대답을 재촉했다.

홍 대리는 그녀를 처음 만났을 때를 떠올려보았다. 머릿속으로 그동안의 일들이 파노라마처럼 스쳐 지나갔다.

첫 만남에서 또랑또랑하게 자기 소개를 하던 모습이며 술에 취해 눈물을 흘리던 모습, 끼니도 거른 채 일에 매달려 끙끙대던 모습, 소문난 도도녀에서 전체를 생각하고 배려하는 훈훈한 마케팅 여신으로 바뀌어가던 그 모든 과정이 바로 어제 일처럼 선명했다. 그리고 얼마전 둘만의 데이트 시간도 갖지 않았던가.

혼자서 키운 감정이긴 했지만 홍 대리는 그녀도 자신과 같은 마음일 거라 생각했다.

'그나저나 그녀에게 어떻게 말하지?'

잠깐 생각하는 사이, 엄마의 쩌렁쩌렁한 목소리가 들려왔다.

"여보세요? 상훈 엄마, 우리 아들이 드디어 장가가게 생겼어! 어? 맞지, 우리 집에 경사 나고말고. 호호호."

그새를 못 참고 상훈이 어머니에게 전화를 걸어서 자랑하느라 바쁜 엄마를 바라보던 홍 대리의 얼굴에 환한 미소가 번졌다.

영업부 말단 출신 홍 대리의 마케팅 도전기
마케팅 천재가 된 홍 대리

초판 1쇄 발행 2013년 2월 28일
초판 11쇄 발행 2021년 8월 12일

지은이 권경민
펴낸이 김선식

경영총괄 김은영
콘텐츠사업1팀장 임보윤 **콘텐츠사업1팀** 윤유정, 한다혜, 성기병, 문주연
마케팅본부장 이주화 **마케팅2팀** 권장규, 이고은, 김지우
미디어홍보본부장 정명찬
홍보팀 안지혜, 김재선, 이소영, 김은지, 박재연, 오수미, 이예주
뉴미디어팀 김선욱, 허지호, 염아라, 김혜원, 이수인, 임유나, 배한진, 석찬미
저작권팀 한승빈, 김재원
경영관리본부 허대우, 하미선, 박상민, 권송이, 김민아, 윤이경, 이소희, 이우철, 김재경, 최완규, 이지우, 김혜진

펴낸곳 다산북스 **출판등록** 2005년 12월 23일 제313-2005-00277호
주소 경기도 파주시 회동길 490
전화 02-702-1724 **팩스** 02-703-2219 **이메일** dasanbooks@dasanbooks.com
홈페이지 www.dasan.group **블로그** blog.naver.com/dasan_books
종이 ㈜한솔피앤에스 **출력 · 인쇄** ㈜갑우문화사

ISBN 978-89-6370-946-8 (14320)